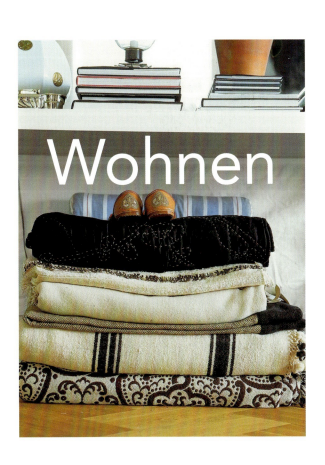

Wohnen

Sabine Wesemann
Ulrich Timm

Wohnen
Die neue Sinnlichkeit

fotografiert von

Christian Burmester
James Merrell
Heiner Orth
Eckard Wentorf

Deutsche Verlags-Anstalt

Inhalt

Wohnen macht Spaß   6

Niederlande   8
Lindas Gespür für Farbe
Linda de Vries

22   Sussex
Landliebe
Alex Willcock

Nîmes   34
Mehr Haus muss nicht sein
Nicolas Crégut

44   Belgien
Echt alt ganz neu
Peggi und Harry Kramer

Comer See   56
Wochenende am See
Alessandro Agrati

64   Amrum
Wiederholungstäterin
Constanze Peters

Mailand   74
Casa Mia Milano
Mia Buzzi

86   Norfolk
Herrlich englisch
Sheila Scholes und Günter Schmidt

Provence   100
Aus Liebe zur Kunst
Kamila Regent und Pierre Jaccaud

Normandie **114**
Frische Brise
Marianne und Franck Evennou

124 Mallorca
Nord-Süd-Verbindung
Lisbeth Fuglsang

München **136**
Viva Bavaria
Bernd Künne

148 Friesland
Wattenmeer, Wind & Wolken
Dini und Gjalt Pilat

Picardie **158**
La Vie en Rose
Christine Coulon

170 Mallorca
Insel des Glücks
Uschi und Hans Peek

London **182**
Aromatherapie
Sophie Conran

194 Schleswig-Holstein
Die Familie im Sinn
Fenna Graf

Die Fotografen **206**

Dank **208**

Wohnen macht Spaß

Genau darum geht es in diesem Buch. Um die Freude, ein Haus oder eine Wohnung einzurichten, liebevoll zu möblieren und auszustatten. Es geht um das Gefühl für Form und Farbe, für Materialien und Texturen; um ein Spiel mit den Objekten des täglichen Lebens. Wie unterschiedlich dieses Vergnügen sein kann, zeigen die Häuser, die wir Ihnen in diesem Buch vorstellen. Sie liegen auf dem Land und in der Stadt, sind bescheiden klein oder verschwenderisch groß, kürzlich neu gebaut oder mit einer geschickten Renovierung an heutige Bedürfnisse angepasst. Manche wurden von renommierten Designern eingerichtet, andere von ihren begabten Besitzern selbst.

Was uns in all diesen Häusern in verschiedenen Ländern fasziniert hat, ist ihr Charme und ihre Ausstrahlung. Wie ein zufriedener Mensch haben sie eine starke Anziehungskraft und eine Aura der Selbstsicherheit. In ihnen wird entspannt und fröhlich gewohnt. Da ordnet sich das Leben keinem Stildiktat unter, und kommt doch sehr stylish daher. Chic und Eleganz sind mit leichter Hand inszeniert und brauchen keine übertriebene Aufmerksamkeit. Sie werden gelebt!

Die Bildergeschichten in diesem Buch laden ein in ganz private Wohnwelten. Von Menschen, die ihr Zuhause bewusst und ideenreich auf ihre persönlichen Bedürfnisse zugeschnitten haben. Die sich darin wohl fühlen und es mit allen Sinnen genießen. Schauen Sie hinein, Sie sind herzlich willkommen, ihr Lebensgefühl zu teilen.

LINDAS GESPÜR FÜR **FARBE**

Fotograf: Eckard Wentorf

Außen gibt sich das Haus im niederländischen Waterland *wie früher*, drinnen hat die Malerin alle Freiheiten genutzt und es familientauglich eingerichtet.

W aterland, das ist eine Gegend im Norden von Amsterdam, wo die Menschen der Natur das Land abgetrotzt haben. In Landgewinnung waren die alten Holländer Meister, und dies muss wohl ihr schönstes Projekt gewesen sein. Die Häuser stehen dicht gedrängt auf einem Fleck, das Gebiet ist von Kanälen durchzogen. Der älteste Teil des Orts ist nur über eine Drehbrücke zu erreichen und wirkt wie ein Museumsdorf. »Aber hier lebt es sich ausgesprochen fröhlich«, findet Linda de Vries, die mit ihrem Mann Floris Bloemendaal und ihren Kindern Elias und Ezra hier eingezogen ist. Lindas Haus ist von 1730 und noch lange nicht das älteste im Dorf. Historische Stiche zeigen seinen ursprünglichen Zustand mit einem barock angelegten Garten. Den gibt es leider nicht mehr, aber Linda ist keine große Gärtnerin. Sie vermisst weder Blumenbeete, die mit Buchsbaum eingefasst sind, noch die Kräuterecke. Für sie ist das schönste Plätzchen im Garten ihr Bootsanleger, von wo aus sie gern mit Freunden eine Tour durch die Kanäle unternimmt.

Das Haus selber ist allerdings ganz so wie es früher war. Als sie es vor drei Jahren kauften, stand es bereits seit einigen Jahren leer und unter Denkmalschutz. Außen durften keinerlei Veränderungen vorgenommen werden, so bleibt der charakteristische Stil des Orts

Einladend das Entree in das holzverkleidete Haus, das nicht wie in Holland üblich fast schwarz lackiert ist, sondern freundlich hellgrau gehalten. Bei der Renovierung hat Linda die schlichten Wandmalereien aufgedeckt, zusammen mit der Amphore ergibt sich ein ungewöhnliches Flair. *Nächste Doppelseite:* Soweit es sinnvoll war, hat sie vorhandene Dinge bewahrt. Typisch sind die Fenster mit den Klappläden und die Einbauschränke für ihre Porzellansammlung. Der Ofen ist ein geliebtes Fundstück. Einen hübschen Kontrast bildet die Sitzgruppe mit Möbelklassikern im Stil der fünfziger Jahre.

erhalten. Im Inneren hatten sie mehr Freiheiten. Die Familie hatte zuvor in Indonsesien gelebt. Auf Bali und Java haben sie den Baustil der indonesischen Architektur schätzen gelernt und nun versucht, ihn in ihre niederländische Heimat zu übertragen. Deshalb haben sie das Reetdach, dort wo auf der oberen Ebene die Schlafzimmer und auch das Bad liegen, von innen nicht verblendet, sondern zusammen mit der Balkenkonstruktion sichtbar gelassen. Dadurch wirken diese

Räume größer, aber auch heiterer und viel natürlicher. Ein paar Erinnerungsstücke aus der Zeit, in der sie an den verschiedensten Orten im Ausland gelebt haben, unterstützen nur ihren persönlichen Wohnstil. Zuletzt lebten sie in der Karibik und haben sich an viel Farbe und Licht gewöhnt. Mit beiden kann Linda hervorragend umgehen. Malen war lange ihr Hobby, bevor sie es schließlich zum Beruf gemacht hat. So ist jetzt im vorderen Teil des Hauses, wo früher der alte Krämerladen des Dorfs war, Lindas Atelier und ihre Werkstatt eingerichtet. Ausgestellt werden ihre begehrten Bilder

Liebevoll wurden die Details an Fenstern und Türen aufgearbeitet. Nun prägen Bilder aller Art und das von Linda gemalte Porträt ihres Hundes Vita den unkomplizierten Wohnstil. Heitere Atelierstimmung herrscht im ganzen Haus.

Linda de Vries gestaltet und richtet das gesamte Haus mit spielerischer Hand und viel Farbe ein, sodass sogar der wuchtige Esstisch *(linke Seite)* mit dem Strauß Gerbera und dem Kerzenteller eine erstaunliche Leichtigkeit erhält. Ihre große, bis ins Dach offene Küche nimmt keine Rücksicht auf Vorhandenes. Hier ist alles modern. Bevorzugter Treffpunkt für die Familie ist die frei stehende Kochstelle.

allerdings nicht hier, sondern außerhalb in einer Galerie. Auch der Rest des Hauses strahlt eine farbenfrohe Leichtigkeit aus, die es in alten Zeiten bestimmt nicht hatte. Die Bloemendaals entfernten Wände, sodass das Licht von allen Seiten ins Haus strömt. Mit ihrem eklektischen Stilmix, voller Sammelobjekte und Trouvaillen von unzähligen Reisen richteten sie das neue Heim charmant und unkompliziert ein. Die offene Küche liegt zwar an der rückwärtigen Hausseite, ist aber dennoch so etwas wie das Zentrum. Die Kinder und ihre Freunde kommen meist direkt durch die zum Garten gehende Küchentür ins Haus. Der vordere

Ein Hauch von balinesischer Wohnkultur zieht in die oberste Etage ein. Die Schlafräume und das Bad von Familie Bloemendaal sind offen bis unters Dach. Eichenbalken, Reetdach und Teakholzbohlen, in die die Badewanne eingelassen ist, strahlen Ruhe aus. Pflegeleicht ist das Holz, weil es jedes Jahr einmal komplett gewachst wird.

Linke Seite: **Kleinformartige Porträts auf farbenfrohem Fond sind eine Spezialität von Linda.** *Rechts und Mitte:* **Hinter dem ehemaligen Krämerladen hat sich die Künstlerin ihr Atelier eingerichtet.** *Unten:* **Die heutige Galerie hat einen farbintensiven Parkettboden und matt graue Wände, die die Bilder attraktiv ins Blickfeld rücken.**

Eingang wird, zumindest im Sommer, kaum genutzt. Die Küchenmöbel hat Linda selbst entworfen. Einfache Blöcke aus Beton bilden die Schränke, die Türen sind aus rohen Teakbrettern vom Tischler gebaut. Derselbe Holztyp zieht sich durchs ganze Haus, dazu fast überall weiße Wände (in ihrer Galerie sind sie hellgrau), so hat die Künstlerin einen schlichten Hintergrund für ihre laufend wechselnden »Inszenierungen«. Der große Wohnraum ist flexibel gestaltet, kein Möbelstück hat einen festen Platz. Und über Farbe denkt sie ja ohnehin ständig nach. Wo heute der Akzent auf Orange liegt, kann er morgen schon blaugrün sein. Oder statt des wuchtigen Esstischs mit den geschwungenen Beinen aus der Gründerzeit darf ruhig mal die Tischtennisplatte der Kinder im Raum stehen. Das versteht die Holländerin unter einem echten Haus zum Leben. Und damit hat sie auch Recht.

LAND
LIEBE

Als Designer in London ist Alex Willcock dem Trend immer eine Nasenlänge voraus. In seinem Haus auf dem Lande hingegen lebt er gänzlich ohne modisches Stildiktat und wunderbar entschleunigt.

Fotograf: James Merrell

Alex und Charlie Willcock führen mit ihren Kindern Song und Otter ein ungezwungenes Landleben. Die gesamte Einrichtung, jedes einzelne Stück hat eine eigene Geschichte wie der ausgeblichene rote Sesssel und die ausladenden Sofas aus der Zeit, als Alex für Terence Conran arbeitete. Das Feuer im Kamin wärmt Haus und Bewohner.

Country Living versetze ihm einen Energieschub, behauptet Alex Willcock. Nicht, dass er das nötig hätte, denn der englische Marketingstratege sprüht vor Ideen. Aber er verliebte sich in ein stattliches Haus südlich von London, und nach zwei Jahren Umbau zeigt es heute, wie er seine Kraft und Fantasie im Alltag einsetzt und warum es sich lohnt, eine Stunde Fahrt zur Stadt in Kauf zu nehmen.

»In einem englischen Landhaus muss immer ein Feuer brennen«, findet Alex Willcock, weswegen er selbst im Sommer seinen großen Kamin täglich mit Holz füttert. Über die therapeutische Wirkung des Holzhackens hat er auch schon nachgedacht, und dass ein Klafter Brennholz, fein säuberlich gestapelt, ästhetisch äußerst reizvoll ist, steht für ihn ganz außer Frage. Eine besondere Liebe zum Landleben hat er schon immer gehabt, obwohl sein Beruf kaum großstädtischer sein könnte. Als einer der hellsten Köpfe Englands ersinnt er ungewohnte Werbestrategien und Marketingkonzeptionen für weltberühmte Unternehmen.

Er hat die (Denk-)Schubladen von Grafik-, Produkt- und Interiordesign ausgeschüttet und neu gepackt, dabei immer eine große Portion Sensibilität und Emotion mit hineingelegt. Davon zeugt auch sein Haus. Jedes einzelne Stück darin ist sorgfältig aus-

gewählt und platziert worden, gleichwohl wirkt alles ganz zwanglos und selbstverständlich. Mit allem verbindet ihn eine Geschichte, kaum ein Teil ist einfach so im Laden gekauft worden. Im zentralen Wohnraum stehen zwei ausladende Sofas einander gegenüber, sind gesprächsbereit, gewähren aber auch Platz zum Lümmeln und Ausruhen. Sie stammen aus seiner Zeit als Marketingchef bei Terence Conran. Der ausgeblichene rote Ledersessel lebte sogar schon mit Alex in Australien. Der Zahn der Zeit hat Muster in seine runzlige Haut gegraben, aber ihm ist stets ein Ehrenplatz sicher. Bei der Renovierung des Hauses kamen erstaunliche Hölzer zum Vorschein. Ein kleinteiliges Parkett in Ziegelmuster und die unterschiedlichsten Türen.

So schön kann ein Frühstücksplatz sein. Die Spuren der Vergangenheit, das Haptische am Holz lieben die Willcocks. Bei der Renovierung ihres Hauses entdeckten sie auf dem Fußboden das schöne kleinteilige Hirnholz im Ziegelformat. Die ausgediente Werkbank nutzen sie als Arbeitsplatz in der Küche, die durch Charles-Eames-Stühle veredelt wird.

Die Willcocks haben so viel wie möglich davon erhalten. Die Spuren der verschiedenen Epochen im langen Leben ihres Hauses finden sie herrlich. In ihrer Welt passen schlichte bäuerliche Keramikkrüge und altes Leinen perfekt zu edlen Kaschmirkissen und handgeknüpften Designerteppichen. Komfort und Design treffen überall auf Emotion und Lebenslust. Alex Willcock legt sich nicht auf eine Stilrichtung fest, das würde er als Beschneidung seiner Fantasie empfinden. So wie er heute Lust hat auf italienisches Essen und morgen auf chinesisches, gleichzeitig alte englische Gemüsesorten in seinem Garten anbaut für die traditionellen Gerichte seiner Kindheit, genauso kann er in seinem iPod afghanische Popmusik »exciting«

Die Schlafräume werden mit wunderbaren Collagen aus Familienfotos und Bildern in verschiedenen Formaten und Gliederungen geschmückt. Ein Minimalmodell aus Ästen und einer Holzscheibe ist der Nachttisch am Himmelbett und hat doch Platz für ein Blümchen. Ins Wohlfühlzimmer für die beiden Kinder gehört sogar ein Tipi. Selbst Schuhe werden hier liebevoll ins Blickfeld gerückt.

Das Häuschen ist das große Kinderglück, vor allem für Tochter Song, die sich schon gärtnerisch betätigt. Rotes Linoleum im Vorraum zur Küche hält matschige Gummistiefel aus. Der kreative Alex Willcock hat sich auch auf dem Land seinen Arbeitsplatz reserviert.

finden und selbst klassische Violine spielen. Das Haus atmet diese Offenheit seiner Bewohner. »Der Architekt muss ein Freigeist gewesen sein«, vermutet Alex. Denn viele Baudetails unterscheiden sich deutlich von typischen Landhäusern derselben Epoche. So gibt es in allen Räumen große Fenster, nicht nur in den repräsentativen vorderen. Auch im Obergeschoss sind die Decken ungewöhnlich hoch, das gibt sogar den Schlafräumen großzügige Weite.

Auf einer Tagung über Luxusmarken stellte Alex kürzlich seine Philosophie vor. Zeit und Raum seien der wahre Luxus unserer Tage, erklärte er zur Verblüffung der Expertenrunde. Und Sensibilität, möchte man hinzufügen. In diesem Sinne leben die Willcocks ein sehr luxuriöses Leben auf dem Lande.

Mehr Haus muss nicht sein

Fotograf: Heiner Orth

Ein schlichter weißer Kasten genügt dem Architekten Nicolas Crégut in Nîmes. Darin genießt er entspannt sein farbenfrohes Familienleben.

Rechte Seite: **Der große Wohnraum ist farbenfroh möbliert mit Designklassikern der fünfziger und siebziger Jahre wie Sesseln von Harry Bertoia und dem Glastisch von Memphis.**
Unten: **Die Straßenfront des Hauses ist hermetisch verschlossen. Ein unscheinbares Stahltor führt in den Garten und die Welt des Nicolas Crégut. Erst nach hinten öffnet sich der Kubus mit symmetrischen Einschnitten.**

D as Grundstück ist ein reiner Glücksfall. Nie hätte Nicolas Crégut geglaubt, in der Villengegend oberhalb seiner Heimatstadt Nîmes noch neu bauen zu können, zu genau kannte der Architekt die stattlichen alten Häuser auf ihren baumbestandenen Grundstücken. Es war schlicht kein Platz mehr frei. Da hatte seine Frau Marlène erfahren, dass ein Anwohner sein Grundstück teilen wollte, weil ihm die Pflege zu mühevoll wurde. Der alte Herr wollte sich seine neuen Nachbarn gründlich aussuchen, mit den Créguts schien er aber richtiggelegen zu haben, denn heute sind die Familien sogar befreundet. Ein unkompliziertes Miteinander ist dem temperamentvollen Nicolas wichtig, als echter Südfranzose lebt er gern gesellig. So hat er auch sein Haus gebaut.

Es gibt nicht mal einen Flur in dem strikt minimalistischen Bau, man betritt das Haus direkt im Wohnzimmer über die Terrasse. Wo es fast immer hemdsärmelig warm ist, braucht es keinen Klimapuffer. Das gesamte Wohnen spielt sich bei Créguts in einem großen Raum ab, den großflächige Glasschiebetüren zusätzlich zur Terrasse erweitern. Der Übergang zwischen innen und außen ist fließend. Der fortlaufend verlegte Marmorfußboden unterstützt diesen Eindruck. Einzig die Küche darf sich komplett den Blicken verschließen. Genial einfach ist auch hier die Konstruktion. Die Schrankelemente sitzen vor einer Wandscheibe, die rechts und links Durchgänge in den Wohnbereich frei lässt. Das verstärkt den Eindruck von Weite und Durchlässigkeit. Der Küchenraum kann aber auch komplett abgeschlossen werden, in der Wand liegen nämlich noch Schiebetüren. Vom Wohnraum aus betrachtet, erscheint die ganze Fläche wie ein modernes

Kunstobjekt, das sich perfekt mit den anderen Kunststücken des Hauses vereint. Sonnengelb mit weißen Strichen strahlt die Wand wie ein Pop-Art-Werk und ist doch simple Kunststoff-Folie, vom Hausherrn selbst geklebt.

Mit seinem ganzen Haus hat es sich der Architekt einfach gemacht, könnte man meinen. Aber einfach ist schwer – denn meist braucht die Reduktion erst einen genialen Einfall. Nicolas Crégut hat zusammen mit seinem Partner Laurent Duport ausdrucksstarke Bauten in allen großen Städten Südfrankreichs verwirklicht und Jahrgänge von Studenten ausgebildet, die ebenfalls stilprägend bauen, aber sein eigenes Haus zu planen, fiel ihm schwer. Es sollte offen und leicht auftreten, sich bescheiden mit seinem modernen Anspruch neben die Villen einordnen. Der große Auftritt ist nichts für Nicolas, den braucht er in seinem Privatleben nicht. Seine Frau und er haben beide zeitaufwändige Berufe und sind selten zu Hause. Sohn Edouard ist den ganzen Tag in der Schule, das Haus ist praktisch ein Schlafquartier, wenn man bedenkt, wie sehr das Leben sich öffentlich abspielt in Nîmes. Die ganze Altstadt ist voll mit Bars und Restaurants, in denen man sich wie selbstverständlich trifft. Nach Feierabend erstmal ein Glas Wein mit den Kollegen, dann das Essen mit der Familie, draußen sitzen bis Mitternacht, nicht selten begleitet von Livemusik. »Wir haben alle Zigeunerseelen hier«, lacht der temperamentvolle Mann. Und tatsächlich kommen einige der berühmtesten Musikerfamilien der Roma und Sinti aus der Gegend um Nîmes. Ihre Konzerte in der antiken Arena sind immer noch Kult.

Das eigene Zuhause stellt sich der Architekt entsprechend angepasst an die Lebensumstände seiner Familie als zweckmäßige Hülle vor. Die

Vorige Doppelseite: **Verschiedene Sitzbereiche gliedern den Wohnraum. Hier ist an die Bedürfnisse aller Tageszeiten gedacht, mit Tischrunde, Einzelsessel und bequemem Lümmelsofa.**

Linke Seite: **Die Treppe aus rohem Beton schwebt wie eine Skulptur frei vor der Wand. Das Kunstwerk aus Acryl verändert sich mit jedem Luftzug.**
Unten: **Die obere Etage ist der private Rückzugsort für die Familie. Neben Schlafzimmern und Bädern ist hier auch das Hausbüro der Kunstexpertin Marlène Crégut.**

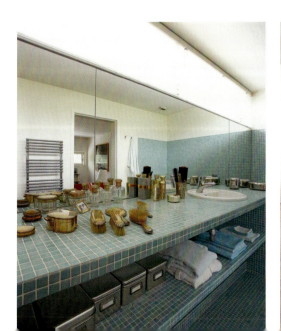

Nutzung steht für ihn immer in Relation zu Aufwand und Wirkung. Was Letztere betrifft, kommt das bescheidene Haus allerdings ganz groß raus. Jedes Möbelstück ist für sich betrachtet exquisites Design, fast alle von Architekten-Kollegen entworfen wie die Gartenmöbel vom Spanier Ramón Esteve. Und doch erweisen sie sich als hervorragende Teamplayer in dem offenen Allraum. Mit Understatement gesellen sie sich zu den dominanten großformatigen Kunstwerken der Créguts und lassen sogar dem mannshohen Modell des Eiffelturms den Vortritt in der Aufmerksamkeit des Betrachters. Den hatte Marlène Crégut auf einem Flohmarkt entdeckt und konnte ihn nicht stehen lassen. Die Kunstexpertin integrierte das Ungetüm augenzwinkernd in ihre Sammlung.

Das ganze Haus strahlt eine unkomplizierte Freundlichkeit aus, die man so schlicht nur selten in den Häusern des Südens findet. Die alten sind viel förmlicher und die neuen kommen oft sehr bemüht daher. Hier ging es dem Architekten darum, in erster Linie seinem Lebensgefühl Raum zu geben. Er tut das auf eine sehr überzeugende Weise. Mit leidenschaftlichem Bekenntnis zur Moderne, starker Liebe zu seiner sonnenverwöhnten Heimat und einer großen Portion echt französischer Nonchalance.

Oben: **Die Küche hat einen Ausgang zur Terrasse, und höchstens ein schnelles Frühstück wird im Haus eingenommen. Das Schwimmbecken ist bodengleich in die Terrasse eingelassen.** *Linke Seite:* **Die Terrasse verdoppelt den Wohnraum ins Freie und ist genauso eingerichtet mit Esstisch und Sofa-Gruppe. Die Möbel aus Aluminium und weißem Kunststoff bleiben ganzjährig draußen.**

ECHT ALT GANZ NEU

Fotograf: Eckard Wentorf

Der Schein trügt. Hier steht kein altes Haus, sondern ein ganz modernes. Peggi und Harry Kramer ließen es aus gebrauchten Materialien bauen und haben viel Freude am Familienleben in ihrem Haus mit Vorzeigecharakter.

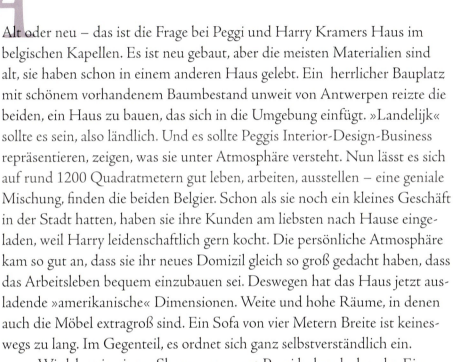

A lt oder neu – das ist die Frage bei Peggi und Harry Kramers Haus im belgischen Kapellen. Es ist neu gebaut, aber die meisten Materialien sind alt, sie haben schon in einem anderen Haus gelebt. Ein herrlicher Bauplatz mit schönem vorhandenem Baumbestand unweit von Antwerpen reizte die beiden, ein Haus zu bauen, das sich in die Umgebung einfügt. »Landelijk« sollte es sein, also ländlich. Und es sollte Peggis Interior-Design-Business repräsentieren, zeigen, was sie unter Atmosphäre versteht. Nun lässt es sich auf rund 1200 Quadratmetern gut leben, arbeiten, ausstellen – eine geniale Mischung, finden die beiden Belgier. Schon als sie noch ein kleines Geschäft in der Stadt hatten, haben sie ihre Kunden am liebsten nach Hause eingeladen, weil Harry leidenschaftlich gern kocht. Die persönliche Atmosphäre kam so gut an, dass sie ihr neues Domizil gleich so groß gedacht haben, dass das Arbeitsleben bequem einzubauen sei. Deswegen hat das Haus jetzt ausladende »amerikanische« Dimensionen. Weite und hohe Räume, in denen auch die Möbel extragroß sind. Ein Sofa von vier Metern Breite ist keineswegs zu lang. Im Gegenteil, es ordnet sich ganz selbstverständlich ein.

»Wir leben in einem Showroom«, sagt Peggi lachend, aber der Eindruck ist ein ganz anderer. Das gesamte Haus ist ein Exempel für guten Stil, für ausgefeilte Bauideen und angenehme Atmosphäre, denn genau darin besteht die Kunst der Einrichterin. »Ich speichere die Energie, die von Räumen ausgeht, und die Ausmaße, ihre Proportionen«, erzählt sie, und dass sie ein gutes Gefühl für Ausgewogenheit habe. Sie weiß genau, wo eine Lichtquelle sein muss oder wo der Wand eine Konsole fehlt. Sie sieht die Formen, Farben und die Stofflichkeit, die ein Raum braucht, vor ihrem inneren Auge, noch bevor sie die ersten Zeichnungen anfertigt. Zusammen mit ihren Kunden muss es dann »klick machen«, was in der Regel auch der Fall ist. Sie testet deren Farbvostellungen und -vorlieben, indem sie Stoffe vorlegt. Bei manchen Materialien greifen die Kunden immer wieder

Die Eingangshalle des Hauses mit den großen Dimensionen wird von einer barocken Fensterlaibung geprägt, aus der Peggi einen Spiegel anfertigen ließ.

spontan zu, andere beachten sie gar nicht, dann weiß sie die Tendenz und ahnt die Wünsche ihrer Kunden und kann gezielt auf deren Vorstellungen eingehen. In ihrem eigenen Haus verwendet sie Farbe nur sehr sparsam. Die Wände sind in raffinierter, nicht gewachster Stuckaturtechnik mit grauer Kalkfarbe geschlämmt, dazu passen die schweren Leinenstoffe in den gedämpften Grautönen der Sandpalette, die sie im gesamten Haus verwendet hat. Alle Materialien sind matt, nichts glänzt. In spannendem Kontrast dazu: ein Profiherd aus blitzendem Edelstahl in Harrys Kochzentrale und ein vielarmiger Kronleuchter, der das Esszimmer erhellt und beherrscht.

Kontraste sind in diesem Haus keine Seltenheit, sie sind gewollte Überraschungen. Schwere Sichtbetonteile wie für die Waschbecken, die vor Ort hergestellt, geformt und geschliffen wurden, teilen sich die Gunst der Betrachter mit filigranen Fensterrahmen, die zum Teil ganz ohne Laibung in die Wände montiert sind. Die Türen haben ausgeklügelte Drehscharniere, es gibt keinen Rahmen, der die feinen kittfarbenen Wände belegt. Technik spielt eine große Rolle im ganzen Haus. Das Licht geht durch Sensoren an, sobald man einen Raum betritt, also gibt es auch keine sichtbaren Schalter. Bedienpannels für Musik und Flachbildschirm sind klein und edel aus gebürstetem Stahl. Viele Lichtquellen sind in Decken und Wände integriert, man spürt sie mehr als man sie sieht.

Die Fußböden wurden mit alten Sandsteinplatten belegt, wie man sie aus Kirchen kennt. Aus demselben Material sind auch die Arbeitsplatten

Links: Im ganzen Haus stimmungsvolle Durchblicke und liebenswürdige Details. Die Innenreinrichterin belegt, dass ein zurückhaltendes Farbkonzept und ausgewählte Accessoires für ein stimmungsvolles Ambiente ausreichen können. *Rechte Seite:* Die dicke verwitterte Türplatte auf dem grazilen Eisengestell steht dem Wohlfühlambiente gut wie auch der alte Korb eines Fesselballons, der jetzt Holzscheite verwahrt.

Dekoratives ist vor allem in der offenen Küche gefragt. Backformen, Kuchenrolle und Schaufeln gibt es mehr als gebraucht werden. Sie sind zu Stillleben arrangiert. Der ausgediente holzverkleidete Kühlschrank aus der Mitte des vorigen Jahrhunderts passt farblich ins Konzept, ist Blickfang und dient hier als ein origineller, praktischer Wandschrank.

Am Abend und ganz besonders am Wochenende wird die Küche zum Treffpunkt für alle, die leidenschaftlich gern essen. Großflächige Arbeitsplatten aus Beton umfassen einen antikes Spülbecken. Die Haptik der Steine macht Appetit. Wenn sich Familie, Freunde und auch Kunden um den chromblitzenden Herd scharen, fühlt sich der Hausherr richtig wohl.

Eine Nische für die Kunst. Welch eine Freude an schönen Formen und gekonntem Handwerk strahlt das barocke Detail aus, dessen Herkunft ungewiss ist, das hier aber sogar einen eigenen Raum erhält. Der sanfte Mauveton der Rückwand, der das Farbspiel der alten Natursteinplatten aufnimmt, wird dezent hinterleuchtet.

in der Küche. Sie sind getränkt und versiegelt, damit halten sie den harten Küchenalltag aus. Harrys Kochwerkstatt ist der zentrale Raum im Haus, offen zum Esszimmer, das mit hohen Fenstern und einer großen Tür zum Garten die Stimmung eines alten Wintergartens hat.

Hier verbringen die Kramers am liebsten ihre Abende, vor allem in Gesellschaft, denn Gastfreundschaft ist für sie mehr als eine Selbstverständlichkeit. Am schönsten sind die Essen, zu denen Harry spontan einlädt und die Gäste zur freiwilligen Mitarbeit anregt. Dann wird gemeinsam frisches

Eleganz und Behaglichkeit begleiten das gesamte Haus konsequent auf allen Ebenen bis unters Dach. Die Schlafräume sind so konzipiert worden, dass sie durch sichtbare Verwendung alter Balken einen Hauch derbere Landhauskultur ausstrahlen. Das Farbspiel bleibt auch hier dezent und umfasst warme Graunuancen, in denen ein blasses Gelb und Ocker durchblitzt. Die Waschbecken sind an Ort und Stelle betoniert worden, der Spiegel mit dem alten Stuckaturrahmen dagegen hat ein Vorleben.

Gemüse geputzt, werden Suppen und Saucen abgeschmeckt, fantasievolle Desserts zubereitet. Wer sich an den Aktivitäten nicht beteiligen mag, wartet vielleicht lieber im weitläufigen Salon, vor dem Kamin oder in den bequemen XXL-Sesseln, bis zum Diner unter dem brillanten Kristallüster geladen wird. Dabei lässt sich in Ruhe über die Eleganz der wohlproportionierten Einrichtung nachdenken und das harmonische »Gesamtkunstwerk« in sich aufnehmen. Das geräumige Landhaus bietet Platz für alle Stimmungen. Es umfängt den Besucher mit dem sinnlichen Reiz alter Steine und dem Duft des Holzes genauso wie mit seiner ambitionierten Technik. Wie schön, dass seine Schöpferin sich so leichthändig aus Tradition und Moderne gleichzeitig bedient.

Wochenende am See

Fotograf: Heiner Orth

Im hektischen Mailand führt Alessandro Agrati sein Lifestyle-Imperium Culti, am Lago di Como erlebt er seine freien Tage in entspannter Gelassenheit.

Alessandro Agrati liebt seine Wochenenden am See. Wie viele Mailänder reiht er sich Freitag für Freitag im Sommer in den Autocorso, der die schwüle Stadt Richtung »Laghi« verlässt, zu den Seen, wie die Italiener liebevoll pauschalierend Lago Maggiore, Lago di Como, Lago Lugano und die vielen kleinen Seen zusammenfassen. Alessandros Ziel ist der Comer See, wo der quirlige Designer sich vor ein paar Jahren ein kleines Haus kaufen konnte. Er hält das für ein großes Glück, denn Immobilien am See sind praktisch unerschwinglich und werden meist innerhalb der Familien weitergereicht. So griff er ohne Zögern zu, auch wenn das Gebäude selbst ihm nicht sonderlich gefiel. Der Blick über den See zählte. »Wir haben freie Sicht und schauen sogar auf George Clooneys Anwesen«, lacht er. Und innen würde er sich jedes Haus schön machen, das ist schließlich sein Geschäft. Das Design-Imperium des Multitalents umfasst die ganze Bandbreite des angenehmen Lebens. Was mit außergewöhnlichen Raumdüften anfing, reicht inzwischen bis zur Kompletteinrichtung. Möbel, Stoffe,

Lebendig, aber nicht laut wirkt der Wohnraum mit seinen roten Sofas. Ein großer Polsterblock dient als Tisch. Das Streifenmuster des Stoffs findet sich in allen Räumen wieder.

Oben: **Weniger ist mehr: wie im Wohnraum benutzt Alessandro auch in Schlaf- und Gästezimmern den Streifenstoff mit feinem Rotakzent. Alle Wände und Böden sind sandfarben gestrichen.** *Rechte Seite:* **Einheitliches Design auch für die Küchenstühle und Vorhänge. Die übergroßen Leuchten tragen wieder das sanfte Rot der Sofas.**

Bad und Küche, Leuchten, sogar Tee, Schokolade und eine hinreißende Freizeitmode-Kollektion gibt es mit dem prägenden Anspruch von Culti. Es ist echte Lebensart, die Signor Agrati verkauft, die er vor allem aber selber pflegt.

Sein purer Stil verleiht dem Haus eine Aura von Selbstverständlichkeit, strahlt etwas Angenehmes aus wie eine schon lange getragene Kaschmirjacke. Die Finesse liegt im Detail. So hat er zum Beispiel für alle Räume die gleichen Farben ausgewählt, unaufgeregt und schlicht, obwohl ein kräftiges Rot dabei mitspielt. Alle Möbel sind aus geweißter Eiche, im Ton wie der Sand am Ufer des Sees, die Stoffe aus Baumwolle und Leinen nehmen die Farbe auf. Zudem hat der Hausherr alle Wände und sogar die Böden in derselben Nuance streichen lassen. Das wirkt so edel wie ein Armani-Anzug in der Sommerhitze und lässt dem Spektrum in schil-

Linke Seite: **Bis zu den mundgeblasenen Serviettenringen aus Glas wird der Tisch nur mit eigenem Design gedeckt. Den Grauton verwitterten Holzes liebt Alessandro sehr, deswegen bleiben die Möbel immer im Freien.** *Unten:* **Ganz unkompliziert baut er eine Polster-Lounge auf ein Podest, das die Böschung abfängt.**

lerndsten Blautönen, das der See aufbietet, den Vortritt. »Ich wähle grundsätzlich nur ganz wenig Farbe bei einer Einrichtung«, sagt der Designer. »Ein Zuhause muss für mich immer beruhigend wirken, das Leben ist doch intensiv genug.« Wer so viel unterwegs ist und sich ständig drängenden Fragen stellen muss wie der Lifestyle-Unternehmer, braucht einen Ort mit Pausenqualität. In der Natur fühlt sich der Italiener geerdet, sie gibt ihm aber auch Inspiration. Für Farbschattierungen, für Texturen, für Düfte – sensibel überträgt er die Eindrücke auf sein Haus und auf seine gesamte Culti-Kollektion.

Hier in Como lässt ihn die Erhabenheit des Sees und der Alpenlandschaft klein und bescheiden werden, aber wenn er Montag morgens in sein geschäftiges Büro nach Mailand zurückkehrt, kann er leichter wieder Alessandro der Große sein.

Wiederholungstäterin

Fotograf: Eckard Wentorf

Ein altes Haus zu renovieren und einzurichten ist ein enormes Unterfangen. Für Constanze Peters die reine Freude – denn kaum war sie mit dem ersten fertig, fing sie gleich mit dem Umbau dieses Kapitänshauses auf Amrum an.

Oben: **Direkt am Watt liegt das rote Haus mit seinem Reetdach. Ein eigener kleiner Deich schützt es vor Fluten.**
Rechts: **Weiß- und Cremetöne akzentuiert Constanze Peters mit Dekorationen in warmem Rot. Hund Nicky fühlt sich auf dem Kokosteppich wohl.**

Auf einer Insel zu leben, ist für viele Menschen eine Glücksvorstellung. Meist hat das Traumbild dann noch Palmen am Strand und türkisfarbenes, lauwarmes Wasser. Das gibt es auf Amrum alles nicht. Dafür aber eine einzigartige Wattlandschaft zur einen und schier endlosen Sandstrand mit wüstengleichen Dünen davor auf der anderen Seite. Constanze Peters und ihr Hund Nicky lieben dieses kleine Eiland sehr.

Für den temperamentvollen Border-Collie sind die Inseltage mit Frauchen Glückseligkeit. »Wir sind hier bei jedem Wetter draußen«, lacht seine Besitzerin mit der Leine in der Hand. »Aber das Heimkehren ist selbst im Winter ebenso schön.« Wenn ein Feuer im Kachelofen prasselt, duftet das Haus nach Holz, und der Tee wird echt friesisch mit einem Schuss Rum genossen.

Für die Bremerin war Amrum schon lange ein reizvolles Reiseziel. Bis sie bei einem Sonntagsfrühstück eine Anzeige vorgelesen bekam, die alles veränderte. Eines der alten Friesenhäuser, hatte ihr Mann entdeckt, sei zu verkaufen. Das weckte sofort ihr Interesse, und der nächste Inseltermin wurde schnell festgelegt, allerdings nicht zum Spazierengehen und

Linke Seite: Mit einem schönen alten Sekretär hat die Hausherrin sich einen Arbeitsplatz im Wohnraum geschaffen. Vom Flur gehen parallele Türen in die Küche mit Essplatz und ins Wohnzimmer. Mit durchgehend verlegten Terrakotta-Fliesen wirken die Übergänge fließend. Für Komfort sorgt eine Fußbodenheizung.

Unten: Die Stimmung im ganzen Haus ist offen und freundlich. Ein toller Trick, um Helligkeit in die Räume zu holen, ist die weiß lackierte Decke. Sie spiegelt quasi das Fensterlicht. Wo ehemals viele kleine Räume aneinander grenzten, gibt es heute einen einzigen großzügigen Wohnraum. Mit verschiedenen Sitzgruppen hat Constanze Peters gemütliche Inseln geschaffen, für große und für kleine Runden. Hübsch arrangierte Stillleben schmücken Fensterbänke, Tische und Kommoden. Schöne große Pinienzapfen aus der Toskana gefallen der Hausherrin als winterliche Dekoration besser als die kleinen Zapfen der Kiefern auf Amrum. Die stellt sie lieber mit dem ganzen Zweig in die Vase.

Ausspannen. Die Besichtigung des Hauses in seiner idyllischen Umgebung besiegelte ihre Liebe, und innerhalb eines Monats war der Kauf perfekt. Entscheidungsfreude paarte sich mit Tatkraft, und nach einem halben Jahr Umbau hatten die neuen Besitzer ein Ferienidyll mit Wohlfühlgarantie geschaffen. Nun könnte man meinen, diese Respekt gebietende Leistung verlange nach einer ausgedienten Pause, nach dem Genießen des neuen Hauses, nach langen Ferien auf Amrum. Weit gefehlt! Ein weiteres Haus wollte von Constanze und Werner Peters gerettet werden. Das Renovieren hatte der temperamentvollen Inselliebhaberin große Freude bereitet, und mit den drei Wohnungen in ihrem schönen Haus hatte sie schon so viele Feriengäste beglückt, dass sie ohne zu zögern erneut zugriff, als sich ein altes Kapitänshaus zum Verkauf anbot. Dessen Lage war auf der kleinen Insel nicht zu überbieten, ein Juwel direkt am Wattenmeer.

Abermals wurde die erprobte Handwerker-Riege mobilisiert. Sie brauchten viel Gespür, denn das Haus sollte seinen ursprünglichen Charakter behalten. Alte Baumaterialien wurden gesucht, und noch bevor der endgültige Kaufvertrag unterzeichnet war, hatte Constanze

Unten: Die Küche ist das Herzstück des Hauses. Der Esstisch lässt sich mit zwei Platten verlängern und bietet dann Platz für zwölf Genießer. Bequeme Korbsessel sorgen für Bequemlichkeit. Oder sind die Köche hier die wahren Genießer? Ein französischer Eisenherd bringt wunderbare Braten hervor. Er bekam im Küchenplan eine eigene Nische mit Muster aus alten Kachelfundstücken. Am liebsten kocht man hier zu mehreren.

Rechte Seite: Wunderbare Tischlerarbeit vom englischen Küchenbauer Robinson and Cornish hat sich Constanze Peters für ihr Inseldomizil ausgesucht. Cremeweiße Einbauschränke mit massiv eichener Arbeitsplatte auf der Insel im Zentrum. Der Bereich neben der Spüle ist mit Schiefer abgedeckt, der aus einer großen Platte herausgeschnitten wurde. Es gibt also keine Nahtstellen!

Peters schon wunderschöne antike Bodenziegel gekauft. Die passten gut in ihr Konzept, denn »pflegeleicht« war eine der Maximen beim Umbau. Wer hier Ferien machte, würde mit sandigen, gar matschigen Stiefeln zurückkehren, Hunde mit nassem Fell.

Nur wenig aus dem Haus konnte original verwendet werden. Einige Wände trugen noch ihr ehemals vor Hochwasser schützendes Kachelkleid wie vor dreihundert Jahren. Und andere jetzt wieder, denn in mühevoller Kleinarbeit wurden sie beim Umbau »entkleidet«, gereinigt und neu positioniert. Das großflächige Motiv im Flur hatte sich die Hausherrin zusammen mit einer Freundin wie ein Puzzle auf dem Fußboden zurechtgelegt, bevor es an die Wand kam. Ein Spezialist baute einen prächtigen alten Kachelofen ein. »Er ist eckig«, sagt die Hausherrin stolz, »das gibt es nicht so häufig.« Und er trägt echte Friesensterne, eine reliefartige Zierkante am oberen Rand. Wenn man sich auf das Wagnis einlässt, ein so altes Haus zu erhalten – immerhin steht 1714 auf der Steinplatte vor der Tür – muss man viel lernen, findet Constanze. Und flexibel sein. So hatte sie sich zum Beispiel entschieden, die neuen Stahlträger, die

Linke Seite: Wieder eine Dekoration mit Rot-Akzent: Granatäpfel machen sich schön im Dutzend. *Rechts oben und Mitte:* Die Schlafräume sind genauso liebevoll eingerichtet wie die Wohnräume. Im »Masterbedroom« gibt es ein kleines Fenster dicht über dem Boden. Da hat man gleich beim Aufwachen einen herrlichen Blick übers Wattenmeer. *Unten:* Der Platz unter der Treppe dient als Abstellkammer, attraktiv gebaut mit einer original alten Tür.

eingezogen werden mussten, mit altem Holz zu verkleiden. Eine gute Idee des Tischlers. Das Holz war ihr dann aber zu dunkel, schließlich wollte sie einen lichten und großzügigen Look für das Haus am Meer. »Wir streichen es weiß«, war die kurz entschlossene Aussage der Bauherrin. Aber da spielte der Tischler nicht mit. Dazu fand er das betagte Holz viel zu schade. Lasieren schlug er vor, sodass die Maserung und alle Altersspuren der Balken sichtbar bleiben konnten. Im Zusammenklang mit hoch glänzend lackierten Brettern ist die Decke nun ein echtes Schmuckstück geworden. Es gab viele Pannen bei dem großen Bau, aber bei allen Problemen, die auftraten, war die Lösung hinterher besser als das ursprünglich geplante Vorhaben.

Der schönste Raum im ganzen Haus ist heute die Küche. Eine Kochwerkstatt mit einer Mischung aus traditioneller und neuester Technik, groß genug für Gruppenarbeit und gleichzeitig so anheimelnd gemütlich, dass man vom Frühstück bis zum Nachtmahl durchgängig sitzen bleiben möchte. Feinste Tischlerarbeit nach englischem Design, cremeweiß lackiert mit Arbeitsplatten aus massiver Eiche und pechschwarzem Schiefer, gepaart mit originellen Einbau-Ideen, ein Genuss für sinnenfrohe Menschen. Hier machen selbst einfache Arbeiten wie Gemüseputzen genauso viel Spaß wie Haute-Cuisine-Kunststücke. Besonders, wenn man sich den Appetit dazu draußen in der steifen Nordseebrise geholt hat.

CASA MIA MILANO

Fotograf: Heiner Orth

Verständlich, dass Mia Buzzis Herz höher schlug bei der Vorstellung, mitten in Mailand ein solches Refugium zu besitzen. Aus einer alten Fabrik schuf die Architektin ein idyllisches Zuhause für ihre Familie.

Überall fließende Übergänge, alles ist offen, hohe Fenster mit schlanken Eisenprofilen gehen von allen Räumen zum Gartenhof. So entsteht der Eindruck von Landleben auch mitten in Mailand. Die große Küche mit dem Frühstücksplatz wird von kräftigem sägerauen Eichenholz bestimmt, aus dem die Möbel einfach gezimmert wurden. Stets griffbereit: Mia Buzzis weißes Porzellangeschirr im offenen Regal.

*E*in kleines Haus mitten in der Stadt wünschte sich die Architektin Mia Buzzi in Mailand. Dazu einen Garten als Frischluftzimmer – dabei dachte sie vor allem an ihre kleine Tochter und die stickigen Mailänder Sommer. Kein leichtes Unterfangen, deswegen bemühte sie sich nur sehr verhalten. Was sie schließlich bekam, hatte ganz andere Dimensionen. Die Hallen einer alten Fabrik wurden ihr neues Zuhause. Und boten genug Platz, dass ein Großteil der Familie mit einziehen konnte.

»Mein Haus ist rot gestrichen, das könnt ihr nicht verfehlen«, so erklärt Mia Buzzi lachend den Weg. Das ist allerdings eine leichte Untertreibung, denn was uns erwartet, ist eine endlos lange rote Mauer, die fast durch die ganze Straße reicht. Mit einer normalen Hausfassade hat das so viel zu tun wie ein Smart mit einem amerikanischen Truck. In der Wand öffnet sich ein großes Tor und die Architektin begrüßt uns strahlend. Die verdutzten Gesichter ist sie wohl schon gewöhnt. Das Zuhause der Mailänderin ist ein Traum, den sie ideenreich verwirklicht hat. Dabei spielten mehrere Komponenten eine Rolle.

Bei einem Bummel durch die kleinen Läden im Viertel I Navigli entdeckte sie in einer ruhigen Seitenstraße die seit siebzig Jahren leer stehende Fabrik. So hatte ihr Haus sie gefunden, ohne dass sie es gesucht hätte. »Mir gefiel der Innenhof so gut«, erzählt Mia. »Ein Stückchen von diesem Gebäude kaufen und ganz frei gestalten«, schoss ihr sofort durch den Kopf. Muss ja nur »piccolo« sein. Der Gedanke nistete sich ein und wurde immer größer. Schließlich überredete die temperamentvolle Architektin ihre Familie, mit in das Projekt einzusteigen und den ganzen Komplex gemeinsam zu erstehen. Heute wohnen ihre zwei Schwestern mit Familien in der Anlage, neben dem eigenen Loft hat sie ihr Architekturbüro etabliert und ein Teil wurde an eine Werbeagentur vermietet. Der idyllische Patio wird von allen gemeinsam genutzt.

Den Umbau der ausgedienten Fabrikhallen hat die Architektin als große Herausforderung empfunden, denn es galt ja, ein riesiges Volumen komplett neu aufzuteilen. Die hohen Räume hat sie bewohnbar gemacht, indem sie erst einmal Zwischendecken einziehen ließ. Mit einer großzügigen offenen Treppe hat sie die neu entstandenen Wohnebenen verbunden. Die oberen Räume sind teils wie eine Galerie, teils geschlossen konzipiert. Im ganzen Haus ist die Einrichtung unkompliziert und fantasievoll. Neben gesammelten Stücken, die Mia von Reisen nach Nordamerika und Asien mitgebacht hat, finden sich Klassiker wie ausladende englische Sofas. Der Mix wird gekonnt abgerundet durch ihre eigenen Möbelentwürfe. Aus rohen Brettern ließ sie Schränke, Türen und Tische zimmern, die in ihrer Schlichtheit fast an Werkbänke erinnern.

Mia Buzzis Farbkonzept ist einfach und überzeugend, weil es sich im Wesentlichen auf zwei Töne

In der gesamten Inneneinrichtung dominieren Braun und Weiß. Die Nische für den Essplatz trägt den Farbton von Zartbitterschokolade. Hier sitzt man auch abends gemütlich im Licht des antiken Leuchters. Die offene Treppe hat einen breiten Sockel und verläuft sanft ansteigend.

beschränkt: Braun und Weiß. Für den Boden wählte sie robuste Schiffsdielen und ließ passend dazu die weiteren Einbauten, wie Treppen und die Decken unter dem Dach, aus dem gleichen Teakholz machen. Die Kombination mit viel Weiß lässt keinerlei Schwere aufkommen. Im Gegenteil: Der Kontrast von Hell und Dunkel bringt Spannung und Intensität in die hohen Räume, die dank der großen Fenster und Türen lichtdurchflutet sind.

»Wir leben hier wie in einer Hippie-Kommune«, erzählt die Mailänderin voller Freude, denn nach zwei Jahren kräftezehrender Umbauarbeit ist sie froh, das neue Zuhause endlich genießen zu können. Es ist ihr gelungen, den industriellen Look zu erhalten und gleichzeitig eine Wohlfühlatmosphäre zu schaffen. »Italiener denken oft, je komplizierter eine Sache ist, desto interessanter sei sie«, beschreibt sie mit ausladenden Gesten. »Ich will die Dinge lieber einfach.« Dabei streicht sie mit der Hand über die Arbeitsplatte in der Küche. Eichenholz in massiven Planken, schlicht aneinandergefügt, ohne handwerkliche

Oben: Räume mit heiterer Atmosphäre unter dem Dach. Zum Relaxen, zum Energietanken, zum Schlafen. Auch hier gefallen der Architektin einfache, roh gezimmerte Möbel. *Rechte Seite:* Kontrastreicher Look im Bad: eine hochwertige Armatur gepaart mit schlichter Zinkwanne und Spiegel.

Linke Seite: In dem Stillleben auf einem Eichentischchen finden sich zwischen Muscheln und Pillendöschen liebvolle Erinnerungsstücke. *Rechts:* Der Lese- und Fernsehraum in der oberen Etage mit Blick auf den Innenhof zeigt noch die Strukturen ehemaliger Industriearchitektur.

Finessen, aber urgemütlich. Die Küche ist der erste Raum, den man vom Hof aus betritt. Einen Korridor braucht Mia Buzzi nicht. Sie liebt fließende Übergänge. Von draußen nach drinnen, von einem Raum zum andern, von unten nach oben – das Leben in der früheren Fabrik ist offen, ohne dabei öffentlich zu sein. Die riesigen Eisenfenster sind kommunikativ, können aber auch mit dicken Leinenvorhängen verschlossen werden, und für ein unbeobachtetes Sonnenbad hat sie sich eine Terrasse im Dach gebaut.

Dass ihr so viel Platz zur Verfügung stand, den sie verplanen konnte, war der Luxus bei diesem Projekt Betonfabrik. Dass sie nun selber darin leben kann, ist ihr schönstes Geschenk.

HERRLICH
englisch

Fotograf: Heiner Orth

Sheila Scholes und Günter Schmidt lieben ihr Haus in Norfolk, weil es aus einer anderen Zeit stammt und die geheimnisvolle Atmosphäre eines Agatha-Christie-Romans verströmt.

Oben: Der alte Kamin muss noch restauriert werden. Vorerst sorgt ein hineingestellter Eisenofen für Wärme und Stimmung. Dass die Feuerstelle trotzdem der dekorative Hingucker im Wohnraum ist, verdankt er Sheilas kunstvoll inszeniertem Stillleben aus Fotos und Fundstücken. *Rechte Seite:* Wie Milch und Sahnepudding sind Decken und Wände im ganzen Haus gestrichen. Auch Böden und Möbel fügen sich in die umfangreiche Weißpalette der Engländerin. Altes Holz und frisches Grün ergänzen sie stimmungsvoll.

€s gibt keine Autobahn nach Norfolk. Da sind sich alle Bürger der englischen Grafschaft einig, ihre schöne Landschaft wollen sie nicht von breiten Straßen verschandeln lassen. Lieber fahren sie durch heckengesäumte Wege und halten an, wenn es für den Gegenverkehr zu eng wird. Dafür haben sie aber auch bezaubernde Dörfer, die verträumt inmitten der Felder liegen und aussehen wie Filmkulissen. Die Zeit scheint stehen geblieben zu sein, auch bei Sheila Scholes und Günter Schmidt. Ihr Haus sieht aus wie ein kleines Spukschloss, und es fällt nicht schwer, sich hier den Tatort für eine von Agatha Christies Kriminalgeschichten vorzustellen. Sheila lacht bei dem Gedanken, denn genau das findet die aparte Hausherrin reizvoll. Sie will mit der Vergangenheit leben, mit Patina und ablesbarer Geschichte. In einem modernen Haus zu wohnen, könnte sie sich nicht vorstellen, obwohl ihr Mann aus Deutschland stammt, »wo jedes Haus Fußbodenheizung und Isolierfenster hat«, wie sie scherzhaft verkündet.

Wenn hierher Familie und Freunde zu Besuch kommen, haben sie dicke Pullover und Socken im Gepäck, das ist normal für eine Landpartie in England. Kein Haus ist zugfrei und durchgehend warm geheizt. Dafür sitzt man auch sommers gemütlich vorm Kamin und genießt Stimmung und Atmosphäre. Dafür sorgt die Künstlerin anscheinend mit leichter Hand. Die Zimmer sind liebevoll dekoriert, der Duft von glimmenden Holzscheiten zieht durchs Haus, denn fast alle Räume haben einen eigenen Kamin. Sheila und Günter lieben diese altmodische Art von Gemütlichkeit,

Oben: Neben der Küche gibt es einen Vorbereitungsraum, der ebenfalls liebevoll dekoriert ist. Am Esstisch stehen rohe Holzstühle unterschiedlicher Herkunft. Ein paar davon begannen ihr Leben im Garten. *Rechte Seite:* Selbst die Tellersammlung im schönen alten »Dresser« bleibt ganz in Weiß und ist doch äußerst lebendig.

für sie ist das Haus eine Herzensangelegenheit. »Am liebsten sind wir in der Küche«, sagt Günter. Da wird morgens schon der AGA angefeuert, dieses gusseiserne Monstrum von Herd, das gleichzeitig heizen, kochen und backen, ja sogar Wäschestapel glätten kann. Ein Kessel für Teewasser steht den ganzen Tag leise simmernd bereit.

Hier werden alle Sinne angesprochen, fast könnte man meinen, das Haus möchte seine Besucher verführen, möglichst lange zu bleiben. Gregorianische Mönchsgesänge schallen durch die Räume, als kämen sie aus der Kirche nebenan. Auch das große Oratorium, das Paul McCartney komponiert hat, passt wunderbar hierher. Einfach nur Radiogedudel duldet die Hausherrin nicht, für sie verlangt jedes Haus nach einer bestimmten Art von Musik, die die Zuhörer ergreift und packt.

Die Inszenierung ist brillant und wirkt doch ganz mühelos. Womöglich liegt das daran, dass Sheila und Günter bei der Renovierung so »undeutsch« vorgegangen sind. Denn nicht handwerkliche Akkuratesse und technische Perfektion standen dabei im Vordergrund, das hätten

93

Vorige Doppelseite: **Der Esstisch vor dem efeuumrankten Eisenfenster ist ein echtes Schwergewicht. Er wurde von fünf Männern an seinen Platz gebracht. Das rohe Holz gefällt der Hausherrin so gut, weil es nichts übel nimmt. Mit jedem Fleck, jedem Kratzer verstärkt es seinen Charakter. Zu allen Mahlzeiten wird der Tisch genüsslich gedeckt. Wer hier zum Essen Platz nimmt, steht bestimmt nicht so schnell wieder auf.**

Diese Seite: **Der Blick aus dem alten Fenster ist selber schön wie ein Kunstwerk. Die Vogelnester fand Sheila im Garten. Auch im Treppenhaus und im oberen Geschoss dominieren die Cremetöne. Ganz unprätentiös hat die Hausherrin das alte Holz mit viel Farbe »aufgehellt«. Mit natürlichen Dekorationsobjekten wie dem großen Wandteller aus Astgeflecht schafft sie ländliche Atmosphäre.** *Rechte Seite:* **Ein Bad in dem großen Haus sollte historische Anmutung haben, fand die Künstlerin, und ließ mitten im Raum eine kupferne Badewanne aufstellen. Nun fühlt sie sich wie auf einer Zeitreise, wenn sie hier ein Schaumbad vorm Kamin nimmt. Zur Bauzeit des Hauses gab es nur spärliche Beleuchtung, deswegen sind die Klappläden des Fensters von innen verspiegelt, um das Licht im Raum zu reflektieren.**

Oben: Ein Notenständer wird zum Bildträger in der hübschen Fensternische, und ihre eigenen Skizzen liegen beiläufig herum. *Vorige Seite:* Passend zu ihrem historischen Bad richtete Sheila ein urgemütliches Schlaflager im anderen Turmzimmer ein. Die Accessoires schaffen eine Atmosphäre wie zu Ritters Zeiten. *Linke Seite:* Über dem Gartentisch baumelt ein Kronleuchter.

Privatleute womöglich gar nicht leisten können. Es ging darum, ein riesiges altes Gebäude wohnlich zu machen, und darin sind Engländer meisterhaft. »Wir haben im Wesentlichen gestrichen«, sagt der Hausherr mit Understatement. Die Liter von Farbe müssen wohl einen Lastwagen gefüllt haben, denn in der Tat sind alle Holzböden, Wände, Decken, Türen und Fenster in Abstufungen von Weiß lackiert, kaum eine andere Farbe war erlaubt. Hier ein bisschen altes Holz, dort ein Tupfer Grau, Rotbraun von alten Ziegeln, und überall frisches Grün aus dem Garten oder vom Feldrand nebenan genügen der Malerin als Akzente. Die Heizung und das Dach wurden sofort saniert, die Bäder, immerhin sieben an der Zahl, bekamen nach und nach ein erfreuliches Gesicht. Ihr eigenes hat die Hausherrin theatralisch im Turmzimmer eingerichtet. Mit Kupferwanne, Kamin und Lesesessel könnte sie ganze Tage dort verbringen, verrät sie schmunzelnd.

Genießen wird ganz groß geschrieben bei Sheila und Günter, so viel steht fest. Darüber freut sich das alte Haus bestimmt, denn dass es mit so viel Liebe bewohnt wird, ist sicher neu in seiner langen Geschichte.

AUS LIEBE ZUR KUNST

Fotograf: Heiner Orth

Im Süden Frankreichs, im Luberon, schufen Kamila Regent und Pierre Jaccaud mit Charme und Esprit ein offenes Haus für die Kunst. Da lebt es sich ganz vorzüglich – als Künstler wie als Besucher.

«Es gibt Menschen, die brauchen Kunst zum Leben«, sagt Kamila Regent. Dazu gehört die gebürtige Polin wohl selber, denn für sie ist Kunst ein Elixier, das immer wieder neue Energie spendet, die Fantasie beflügelt und sie scheinbar nie ermüden lässt.

Ihr Haus im Luberon lebt von der Kraft, die ihr die Kunst verleiht. Es ist voller Bilder und Skulpturen, die zum Ergründen einladen, es hat poetische Installationen, die Kreativität und Visionen herausfordern, aber Kamilas Haus spielt auch ganz direkt mit Farben, die alle Wände im Licht changieren lassen, mit alten und neuen Materialien im Dialog – kurz: Es ist ein großartiges Gesamtkunstwerk, das sich die zierliche Hausherrin erdacht hat.

Ein altes Haus an einem romantischen Ort – davon hatte sie schon geträumt, als sie noch ihre Galerie in Brüssel betrieb. Das Art-Business der Großstadt reichte schon lange nicht mehr aus für ihre Ideen. Sie wollte den Künstlern nicht nur Raum für Ausstellungen geben und ihre Werke verkaufen. Sie wollte ihnen auch ein Atelier anbieten, einen inspirierenden Ort, an dem sie auftanken und arbeiten könnten, ohne sich um die Belange des täglichen Lebens kümmern zu müssen. Künstler mit einer Einladung zum »schöpferischen Aufenthalt« zu unterstützen und ihre Kunst zu fördern, das war ihr Anliegen, Südfrankreich das Ziel ihrer Sehnsucht. Mit ihrem Partner Pierre Jaccaud, der aus der Provence stammt, war sie schon länger auf der Suche nach einem geeigneten Haus, als sie auf einem Spaziergang am Rande des Dörfchens Saignon

Oben: **Die gläsernen Tränen (»Les larmes«, Didier Tisseyre) in prächtigen Farben werden am Fenster zu einem spektakulären Anblick, vor allem wenn sie von der Sonne intensiv durchleuchtet werden.**
Linke Seite: **Wände mit schokoladiger Anmutung, die hier überraschend eine Nische bilden, sind der Hintergrund für die Fotoinstallation voller Tiefe von Raoul Hebreard und die alten Amphoren, deren Inneres durch Blattgold veredelt ist.**

ein Verkaufsschild sahen. Ein Blick genügte, und ihnen beiden war spontan klar, dass sie hier vor ihrem Traumhaus standen.

Sie kauften es und fingen sofort mit der Renovierung an. Dabei entdeckten sie Räume, die man ihnen bei der Besichtigung gar nicht gezeigt hatte, und mit jedem hergerichteten Teil des Hauses wuchs ihr Glück. Schließlich bauten sie sogar die Ställe hinter dem Gebäude aus. Das sind heute zwei großzügige Gästezimmer mit eigener Küche und separatem Eingang. »Chambre avec vue«, Zimmer mit Aussicht, haben die Kunstliebhaber ihr Haus genannt, das jetzt auf so harmonische Weise Schöpfer und Interessenten zusammenbringt. Dabei ist es wohl mehr ein Einblick, der sich dem Besucher bietet. Die Türen der Ateliers sind selten verschlossen

Was für eine Installation! Das Objekt »Nuage« (Wolke) von Franz Morzuch aus frisch geschnittenen, frei aufgehängten Zweigen vor der Wandöffnung verleiht dem Salon eine misteriöse Tiefe. Auch die anderen Accessoires machen das rätselhafte Spiel mit wie die symmetrisch angeordneten Fotos, die großflächigen Wandbilder oder der Tisch zwischen den Sesseln, den Kamila Regent mit Leoparden in Primitivkunst umstellt hat.

Diese Seite: **Altes und Neues nebeneinander wirken zu lassen, ist Kamilas Idee. Kaminsims und Tisch im Speisezimmer dekoriert sie mit frischen Blumen aus dem Garten.**
Rechte Seite: **Alles Kunst, einschließlich des Speichenrads! Die schlichte Platte mit den unübersehbaren Gebrauchsspuren liegt auf einfachen Holzböcken. Die Stahlschiene (»Le mètre étalon«, Michel Mouffe) ist bündig in die Wand eingelassen, sie nimmt eine imaginäre Linie auf.**

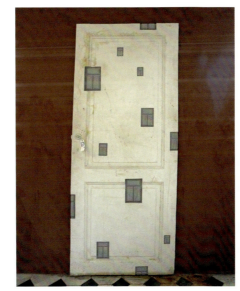

Kunst und Künstler: Himmelsleiter mit Schlüsselbund (Martin Bialas), Schriftbild zwischen Vorhängen (»Nuage«, Renée Lavaillante), Zeichen (Koen Theys), Hund (»Le Chien«, Andrzej Wroma), Tür mit Fenstern (Koen Theys), Wolke (»Nuage«, Frank Morzuch), Kind (Andrezej Wroma) und Mäntel, als wenn jemand dort sitzt.
Linke Seite: Das Atelier ist in einem der hohen Ställe eingerichtet und nun Werkstatt auf Zeit für die eingeladenen Künstler. Wer sich von der Arbeit nicht lösen kann und hier bessere Schwingungen zu spüren glaubt, stellt wie Paola sogar sein Bett darin auf.

Oben: **Diese Bodenbeläge! In allen Räumen sehen sie anders aus, mal tragen sie ein schönes Fliesenmuster, mal haben die Steinböden einen speckigen Glanz oder es sind schlichte Holzdielen.** *Rechte Seite:* **Um den kleinen Esstisch, auf dem zwei Artisten auf sich aufmerksam machen, wurden Philippe Starcks Barstühle »Victoria Ghost« in transparentem Orange gruppiert.**

und überall in dem verwinkelten Gebäude lässt es sich herrlich debattieren und philosophieren. Muss ja nicht nur über Kunst sein, auch die neuesten Kochrezepte der vielseitigen Hausherrin wären ein nahe liegendes Thema, denn wenn sie Lust hat, bekocht Kamila ihre Gäste und deckt fantasievolle Tische. Kehrt man nachmittags von einem Ausflug zurück, steht ein großes Tablett zum Aperitif bereit mit Oliven und Pistazien zu Pernod oder Sherry. Dann nimmt man sich einen Stuhl und setzt sich gemütlich an den langen Tisch oder unter einen Baum im Garten, zwischen die Skulpturen, die dort Patina ansetzen und vom üppigen Grün umschlungen werden. Das ganze Refugium atmet Nonchalance und ein südfranzösisches Laisser-faire. Die Gäste werden verwöhnt wie Freunde und die Atmosphäre ist heiter und entspannt. Nie hat man das Gefühl,

Diese Seite: Mehr braucht's nicht zum Wohlfühlen: Bistrostühle, bei denen der Lack sichtbar ab ist, an einer langen Tischplatte. *Linke Seite:* Im stimmungsvollen Gartenzimmer mit Wandfarbe à la Melone treffen sich alle gern zum Petit Dejeuner.

musealen Respekt zu benötigen. Die Mischung aus Kunst und mdernem Design lässt Berührungsangst gar nicht erst aufkommen.

So selbstverständlich wie Kamila die Einrichtungsstile in ihren zahlreichen Räumen mixt, bringt sie auch Menschen unterschiedlichster Herkunft und Interessen zusammen. Paola, eine der »Artists in Residence«, stammt aus Sizilien und ist fest davon überzeugt, dass es in ihrem Zimmer unter dem Dach spukt. Sie hat sich kurzerhand ihr Bettzeug geschnappt und ein Lager mitten im Atelier gebaut. Bessere Schwingungen behauptet sie dort zu spüren. Der Geschäftsmann aus London sitzt barfuß am Flügel und spielt Chopin. Ein italienisches Pärchen bringt eine ganze Torte zum Kaffee mit, gerade so, als würden sich alle schon lange kennen. Die lässige Großzügigkeit seiner Besitzer scheint sich auf alle Gäste dieses schönen Hauses zu übertragen. Das ist Mäzenatentum im besten Sinne: ein Klima zu schaffen, in dem Kunst und Menschen sich gegenseitig befruchten und fröhlich gedeihen. Jeder, der im »Chambre avec vue« zu Gast war, hat diesen Ort reich beschenkt wieder verlassen.

MARIANNE UND FRANCK EVENNOU

Frische Brise

Fotograf: Eckard Wentorf

Hoch im Norden Frankreichs, wo der Wind über den Ärmelkanal bläst, verwirklichte das Designerpaar Marianne und Franck Evennou einen Traum: Sie verwandelten ein altes Fischerhaus in ein bezauberndes Wochenend-Domizil für die ganze Familie.

Wenn ein Franzose den Traum vom eigenen Ferienhaus träumt, sieht er wohl meist die Provence vor sich. Lavendelfelder, zauberhafte Dörfer voller Antiquitätenhändler, kulinarische Finessen und ein Licht, das berühmte Maler begeisterte. Bei den Evennous war das anders. Ihr Sehnen ist mehr nach Norden gerichtet, die Normandie war ihr Traum. Zwar gibt es da keine Lavendelfelder, aber viel Wasser entlang der Kanalküste. In alten Badeorten scheint die Zeit stillzustehen, Muscheln und Austern sind frischer kaum zu haben und das Licht trifft direkt ins Herz. Jedenfalls findet das Franck Evennou, wenn er morgens die Klappläden seines alten Fischerhäuschens aufschlägt.

Sein Glück liegt nur zwei Stunden von Paris entfernt und ist doch eine ganz andere Welt. Der Designer liebt den Charme des kleinen Örtchens, in dem man alles zu Fuß erledigen kann. Die unberührte Natur lässt ihn regenerieren und bei kilometerlangen Spaziergängen am Wasser kommen ihm die besten Ideen wie von allein. So ist es kein Wunder, dass die Familie jedes freie Wochenende den Weg nach Norden einschlägt, egal, ob die Sonne scheint oder nicht. »Dies ist ein Badeort, in dem man nicht

Der Fussboden im Erdgeschoss ist blanker Estrich. Statt einer Holz- oder Fliesenauflage, wie man es traditionell gemacht hätte, haben die Evennous ihn mit großem Schachbrett-Muster lackiert. Die Möbel sind zumeist vom Flohmarkt. Vichy-Karos und maritime Streifen kleiden die Polster frisch ein.

Oben: Im Zwischengeschoss gibt es sogar einen Arbeitsplatz. Ein japanischer Tisch mit hohen Beinen passt perfekt zu den alten Kontorstühlen.
Linke Seite: Ein Beistelltischchen aus Rattan zeigt ein Stillleben mit Küstenimpression, gesammelte Muscheln, Steine, Treibholz, ein Anglerkorb und ein Heft mit Schnüren.

badet«, erklärt Marianne Evennou. »Spazierengehen, Kajakfahren, Vögel und Seehunde beobachten, alle Arten von Meeresfrüchten essen, so vergehen hier die Tage«, fügt sie wissend hinzu. Es stimmt nicht ganz, denn die Arbeit am Haus nimmt auch ihre Zeit in Anspruch. Ein so schönes Projekt braucht Geduld, zumal wenn es von Grund auf saniert werden musste. Als die junge Familie es vor ein paar Jahren entdeckte, sah es erbarmungswürdig aus. Aber die Fantasie des kreativen Paars malte ihnen ein überzeugendes Bild. Franck und Marianne lieben Dinge mit Patina, Gebrauchsspuren an den Objekten, mit denen sie leben. So versuchten sie, dem heruntergekommenen Fischerhaus seinen Charakter wiederzugeben und es dennoch für ihr heutiges Leben einzurichten. Fenster und Türen ließen sie originalgetreu anfertigen, bevor sie das Interieur des Häuschens komplett neu organisierten. Es gelang ihnen, auf drei Etagen eine unvermutet weite und

Oben: Die Küche kommt mit einem Minimum an Technik aus, abgewaschen wird im antiken Spülstein. Der Essplatz, der aus einem alten Bistro stammt, ist äußerst beliebt. *Rechte Seite:* Den gusseisernen Herd ließen die beiden Hausherren komplett wieder einsatzfähig machen. Nun kann er kochen und heizen wie früher.

Im Obergeschoss hat jedes Familienmitglied ein eigenes Zimmer. Aus umgebauten Kinderbetten wurden kleine Sofas und ein Koffer mit uralter Reiseerfahrung kann schon mal als Nachttisch dienen. Für einen einheitlichen Look beschränkte sich Marianne bei der Stoffauswahl auf ausschließlich rot- und blau-weiß gemusterte. Die Dielen wurden lichtgrau gestrichen, genau wie die Wände, dadurch wirken die kleinen Räume großzügiger. Das Bad ist so luxuriös wie in einem alten Grandhotel. Die Wanne aus Kupfer wurde wegen der beim Umbau neu verlegten Leitungen auf ein Podest gehoben.

lichte Atmosphäre zu schaffen, die auch an grauen Tagen keine Küstendepression aufkommen lässt. Im Parterre geht der Wohnraum offen in die Küche über, die sogar Platz für einen kleinen Esstisch hat. Am liebsten isst man aber draußen auf der Holzterrasse, die vor den beiden Räumen liegt. Die mittlere Etage ist eine Art Galerie, auf der ein bequemer Tisch zum Spielen und Arbeiten animiert. Bad und Elternschlafzimmer gehen davon ab. Im ausgebauten Dach sind die Zimmer der Jungen symmetrisch zur Treppe angelegt. In den langen französischen Sommerferien wurden hier früher sämtlichen Lieblingsautos aus der Stadt neue Parkplätze zugewiesen, heute sind Duncan und Robin nicht mehr die ganze Zeit mit den Eltern zusammen. Und Autos stehen nur noch zur Zierde in ihren Zimmern. Das Spielbedürfnis der schlaksigen Jünglinge befriedigt inzwischen der Laptop. »Uns fehlt hier nichts«, sagt die Hausherrin, und man glaubt es sofort. Das Glück braucht keine großen Häuser.

Linke Seite: Der Marmorwaschtisch bekam ein Kleid aus pflaumenfarbener Seide. Sogar der Heizkörper stammt aus der Bauzeit des Hauses. Zwar ist diese authentische Einrichtung nicht ganz so bequem wie ein modernes Bad, aber die Atmosphäre möchten die Evennous nicht missen. Für sie kommt die gute Laune schon morgens beim Zähneputzen auf.

LISBETH FUGLSANG

VERBINDUNG NORD SÜD

Fotograf: Christian Burmester

Ein bescheidenes Dorfhaus auf Mallorca fühlt sich wohl mit Möbelklassikern, viel Kunst und seiner dänischen Bewohnerin.

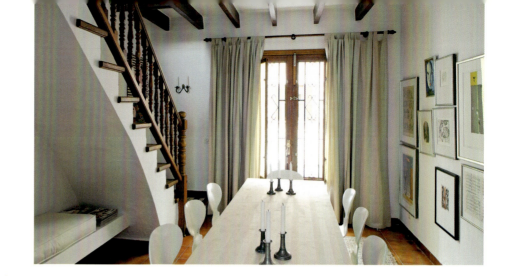

Nicht mal das gedrechselte Geländer musste weichen. Das Dorfhaus, das Lisbeth Fuglsang Keldsen auf Mallorca bewohnt, durfte seine Identität ganz behalten, als die Dänin in ihm einzog. Ein großer Umbau schien ihr nicht angemessen, da sie nicht wusste, wie lange sie bleiben würde. Schien ihr aber vor allem gar nicht nötig, denn mit Struktur und Charakter des Hauses konnte sie sich gut einrichten. Wie sie sofort festgestellt hatte, waren die Räume wohl proportioniert für ihre Bedürfnisse. Das fehlende Esszimmer richtete sie kurzerhand direkt in der kleinen Eingangshalle ein. Ihr unvoreingenommener Blick hatte den Raumgewinn beschert. »Es war nur ein länglicher Raum, der keinen eigenen Zweck erfüllte«, erinnert sich die Hausherrin, »ideal für einen langen Esstisch.« Die offene Treppe ins Obergeschoss nutzt Lisbeth jetzt dekorativ mit einer darunter eingebauten Bank aus, die ihr als zusätzliche Ablage dient.

Im Haus fand sie viel ungestrichenes Holz vor und Fliesen im passenden Farbton. Darauf hätte sie gut verzichten können, bekennt die aparte Dänin geradeheraus. Statt es aber herauszureißen oder wegzustreichen, entschied sie sich zum Dulden. Sie strich alle Wände und Decken reinweiß und ließ nur weiße oder schwarze Einrichtungsgegenstände zu. Die neutralen Töne mildern die Stärke des Holzes auf ein angenehmes Maß. Jetzt hat es genau das Quäntchen Wärme, das dem extremen Farbpaar guttut. Darüber hinaus lebt das ungestrichene Holz auch

Gleich im Entree hat die Dänin ihren Essplatz eingerichtet. Den Raum leer zu lassen, schien ihr Verschwendung. Eine umfangreiche Grafik-Sammlung kleidet die ganze Wand ein. Weiße Fritz-Hansen-Stühle »Die Ameise« sind dänische Design-Klassiker und auch auf Mallorca schön.

Während der Essplatz ganz weiß möbliert ist, lebt der Wohnraum von Schwarz. Ebenfalls klassisches Möbeldesign paart sich mit einem erdigen, großformatigen Ölbild. Zum Essen soll die Stimmung heiter sein, findet Lisbeth, vor dem Kamin darf der Raum gern eine schwerere Atmosphäre haben. Hier sitzt man ohnehin nur im Winter, wenn ein prasselndes Feuer für Behaglichkeit sorgt. In beiden Räumen akzentuiert ein Kokosteppich mit Lässigkeit den traditionellen Terrakotta-Boden.

Spanische Häuser haben meist deutliche Farbakzente in Braun; Naturholz findet sich nicht nur an den Decken, sondern auch bei den meisten Einbauten. Weil Lisbeth Fuglsang den Stil ihres Dorfhauses nicht komplett verändern wollte, fügte sie keine weitere Farbe, einzig Schwarz und Weiß hinzu. Lediglich ein paar ihrer Kunstwerke dürfen dem Ensemble Highlights aufsetzen. Die Beschränkung in der Farbe gestattete ihr Freiheiten bei der Kombination von Materialien und Stilen.

Diese Seite: **Noch ist die Küche unrenoviert, aber wie alle Räume mit unprätentiös aufgehängten Bildern reich geschmückt. Der Patio ist ein bezaubernder Ort für lauschige Sommernächte – auf Mallorca reichen sie bis spät in den Herbst.**
Linke Seite: **Der alte Geschirrschrank ist ein Erbstück von Lisbeths Großmutter. Genau wie das königlich-dänische Traditionsgeschirr in Blau-Weiß ist er eine geliebte Erinnerung, aber sein dunkles Holz passt auch vorzüglich in Lisbeths Farbkonzept.**

eine Spur von Shabby Chic aus und gibt den modernen Möbelklassikern von Lisbeth eine gewisse Lässigkeit. »Gutes, zeitloses Möbeldesign passt in jede Art von Architektur«, ist Lisbeths Credo. Das hat sie als Dänin wohl schon in der Schule gelernt, und doch ist erstaunlich, wie selbstverständlich sie danach verfährt. Ganz offensichtlich blüht dieses unscheinbare mallorquinische Haus unter seiner neuen Besitzerin auf.

»Ich kann überall wohnen«, sagt sie ganz selbstsicher. Mallorca hat sie sich wegen des Wetters ausgesucht, ganz klar. Als sich ihr vor sechs Jahren ein interessanter Job in einem Kunstzentrum bot, griff sie kurz entschlossen zu. Und wenn sich eine neue Chance auftun würde, wäre sie auch wieder schnell auf dem Sprung und weg. Die schönen Dinge, die sie umgeben, passen in einen Container. Lisbeths Wohlfühlrezept verlangt neben den Klassikern wie Corbusier-Sofas und Arne-Jacobsen-Stühlen moderne Kunst und ein paar antike Teile. Der Großmutterschrank ist voll mit altem Porzellan und Glas, ein feines Silberbesteck liegt in der Schublade. Damit deckt die Kunstexpertin in ihrer lässigen Art auch den Tisch im Patio und zaubert eine wunderbare Stimmung. Die Mixtur erhält Würze mit ein paar landestypischen Handwerksarbeiten: dicke irdene Gefäße, von Hand geflochtene Körbe, derbes Glas aus der traditionellen Manufaktur. Flohmarktbesuche seien ja besonders reizvoll in fremden Ländern, findet die Dänin, im eigenen Land kann man zu genau einschätzen, was wertvoll ist. »Hier gefällt mir manchmal auch reiner Trödel«, lacht sie. Und

Linke Seite: **Zwei winzige Schlafzimmer hat das Häuschen im Obergeschoss. Das Gastzimmer enthält kaum mehr als ein Bett und ist doch einladend und gemütlich mit seinem Blick über die Dächer der Nachbarschaft.** *Vorige Seiten und oben:* **Vor Lisbeths Arbeitszimmer liegt noch eine kleine Dachterrasse. Die meisten Dorfhäuser auf Mallorca sind so konstruiert: oben genießt man die Sonne, unten im Patio den kühlen Schatten und den Abend.**

zeigt auf die alten Blechlaternen, mit denen sie ihren Balkon beleuchtet. Überhaupt ist Licht wichtig für die Atmosphäre. Dabei mixt sie am liebsten überall Kerzen mit ausgefallenen Designer-Stehleuchten. So schafft sie Lichtinseln da, wo sie sich gerade aufhält, anstatt den ganzen Raum einheitlich von oben zu beleuchten.

Mit der Kunst beschäftigt sie sich mittlerweile nur noch nebenbei, das Finden und Einrichten von Häusern nimmt ihre Zeit ganz in Anspruch. Wer weiß, vielleicht bleibt sie doch länger diesmal. Auf Mallorca gibt es noch viele alte Häuser, die eine Frischekur nach Lisbeths Art gebrauchen können.

Viva Bavaria

Pure Ästhetik mit einem Quäntchen Humor ist das Erfolgsrezept von Bernd Künne. Als Pendler zwischen Nord und Süd lebt er in seinem Münchner Apartment sehr elegant das Gefühl aus, zu Gast in Bayern zu sein.

Fotograf: Heiner Orth

Alter Hof heißt die Münchner Adresse von Bernd Künne recht unspektakulär. Dabei ist der Platz ein historisch äußerst bedeutsamer Ort. Im 12. Jahrhundert hatte Herzog Heinrich der Löwe Bayern als kaiserliches Lehen erhalten und seine Hauptstadt München gegründet. Genau in ihr Zentrum baute der Welfe eine Burg für sich selbst, seinen Stammsitz in der Keimzelle Bayern sozusagen. Die Stadt prosperierte schnell, nach den Welfen übernahmen die Wittelsbacher die Herrschaft und stellten sogar einen deutschen Kaiser. Zu dem Zeitpunkt spielte also der Hof in München die Hauptrolle unter den zahlreichen Burgen des Reichs, hier lagerten die Reichsinsignien, Kaiserkrone, Ornat und Zepter.

Von der stolzen Kaiserburg blieben im Laufe der Geschichte nur Bruchstücke erhalten, aber mit einem ehrgeizigen Bauprojekt gestaltete die bayrische Hauptstadt vor ein paar Jahren den spektakulären Platz mitten in ihrem Herzen komplett neu. Renommierte Architekturbüros lieferten Ideen für die vier Flügel des Burgkomplexes und schufen ein Wohn- und Arbeitsensemble von beispielhafter Qualität.

Das Projekt begeisterte Bernd Künne so, dass der Hannoveraner genau hier seine eigene bayrische Residenz nehmen wollte. Ein Büro in München unterhielt der Stadtplaner schon länger, im Alten Hof hatte er schließlich ein passendes Domizil gefunden. Der Neubau mit den klaren Gliederungen, sorgfältig kombinierten Materialien und einem unprätentiösen Auftritt an diesem gewaltigen Ort entsprach ganz den ästhetischen Vorstellungen. Bei der Realisierung seiner eigenen Wohnung hielt sich Berd Künne allerdings nicht an das Konzept der Architekten. Da er in einer sehr frühen Bauphase gekauft hatte, konnte er die Innenräume perfekt auf seine eigenen Bedürfnisse zuschneiden. Er würde häufig allein in München sein, auch selten zu Hause, aber das Wochenende dann gern mit Freunden verbringen. Wer so viel arbeitet, hat keine freie Zeit zum Vertrödeln. Er braucht sie zur Rekreation, zum Aufladen der Energie-Batterien. Für den strategischen Planer ergaben sich die Gestaltungskriterien fast automatisch aus der Analyse seiner Lebensumstände. Er plante ein offenes

Linke Seite oben: **Die großen Fenster gewähren einen herrlichen Ausblick auf den alten Hofplatz. Elegante, in grauem Wollstoff bezogene Sofas sind Bernd Künnes Ruhepol. Mit dem goldenen Tischchen und seinen 42 Rehgehörnen setzt der Designer dazu einen Kontrapunkt.**
Linke Seite unten: **Sämtliche Technik und täglicher Krimskrams verschwinden in Einbauschränken.**

Während die Küche absolut ohne Farbe auskommt – sie ist komplett aus Edelstahl gebaut und sieht aus wie ein futuristisches Kochlabor –, schwelgt der Essplatz in Rot. Mit bequemen Stuhlsesseln, Klassiker von Philippe Starck für ein Pariser Café entworfen, bleiben Gäste gern bis spät nachts am Tisch sitzen. Die Porträtskulptur König Ludwigs bestätigt den Hausherrn in seiner Farbwahl.

Raumkontinuum, das dennoch klar gegliedert private und öffentliche Bereiche trennt. Mit geschickt gesetzten Wandscheiben und raumhohen Einbauschränken entsteht der Eindruck eines Übergangs von einem in den anderen. Der vordere Teil lebt von riesigen Fenstern, die fast die gesamte Fassade zum historischen Brunnenhof mit seinem uralten Pflaster und majestätischen Linden öffnen. Der Zeitsprung zu Bernd Künnes Wohnwelt ist gewaltig. Der Bauingenieur liebt strenge Linien, starke Möbelinszenierungen, maskuline Formen, romantische Nostalgie angesichts des historischen Umfelds ist nicht seine Sache. Exaktheit ist sein Metier, technische Finesse seine Leidenschaft. Seine Farben sind Grau, Schwarz und Weiß. Jeder seiner Wohnungen gab er dazu immer einen deutlichen Farbakzent, einen einzigen. Bunt ist die Welt nur in seiner bedeutenden Sammlung zeitgenössischer Fotokunst.

Ganz anders hier in München. Hier erlaubt er sich augenzwinkernd bajuwarische Einsprengsel im puristischen Konzept. Das einzige Gemälde im ganzen Apartment ist alpenländischer Kitsch vom Flohmarkt, museal goldgerahmt und wirkt ganz anrührend in der modernen Klarheit. Die Dinge in einem neuen Licht zu betrachten, ihnen eine neue Bedeutung zu geben – eine ganz persönliche –, ist die hohe Kunst des Wohnens. Über sein extra-großes italienisches Designsofa hängt der sonst so strenge Hausherr Rehgehörne. Aus 42 gleichen Trophäen inszenierte er ein grafisches Wandbild, in Reih und Glied scheinen die kleinen Hörner dem Besucher fröhlich entgegenzuwinken. Nachdem er sie auf einer Auktion erstanden hatte, ließ er die hölzernen Trägerplatten vergolden, damit sie zum Tischchen vor seinem Sofa passen, einem Design-Original von Charles und Ray Eames, die sich damit offensichtlich auch einen Spaß erlaubt haben. Wenn schon, denn schon, mag er dabei gedacht haben. Denn diese Goldakzente passen genau in die spektakuläre Farbphilosophie seiner Wohnung.

Wer hat hier wohl im Mittelalter gelebt?, fragte sich Bernd Künne, als er an die Ausgestaltung der Räume ging. Ritter, war seine Antwort. Und vor seinem geistigen Auge sah er Rüstungen, Fahnen, Wappen und Schilde. Violett, Kardinalsrot, Königsblau. Und eben diese Farben übertrug er konsequent in die Jetztzeit und ließ seine maßgefertigten Möbel entsprechend lackieren. Die Wandschränke violett, die Tische zum

In der Mitte des Apartments ist der Schlafplatz wie eine Box eingeschoben. Das luxuriöse Bad liegt offen daneben. Glasmosaik und maßgefertigte Edelstahlkonsole werden von einem modernen Kronleuchter in Szene gesetzt.

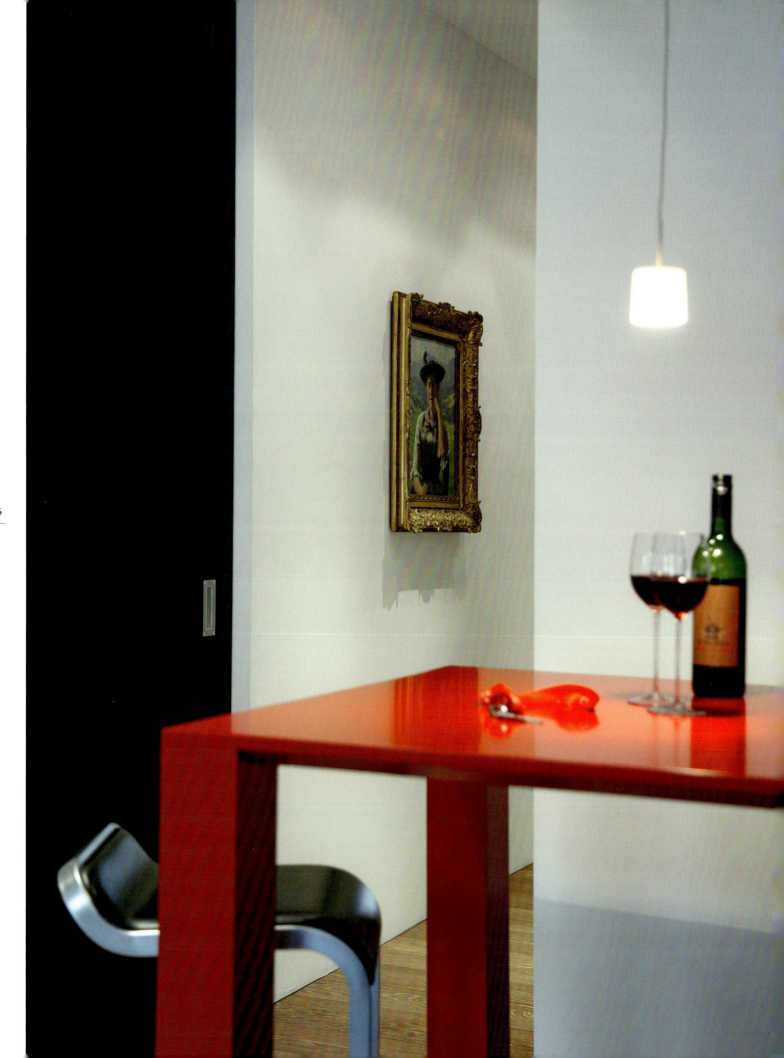

Oben: **Die Schreibtische lassen sich auf Schienen verschieben, um an die Fenster zu gelangen.** *Linke Seite:* **Ein Stehtisch empfängt im Entree die Besucher. Die Sennerin im Goldrahmen kannte eine andere Art von Gemütlichkeit.**

Arbeiten und Essen rot, eine Adrenalin versprühende Kombination, die gleichsam Kreativität und Appetit anregt. Dazu ein paar royalblaue Leuchten, dass einem schüchternen Besucher wohl schwindelig werden könnte. Gebürstete Eichendielen in unterschiedlichen Breiten tragen die Möbel majestätisch durch die gesamte Wohnung. Nicht ohne Grund werden sie auch Schlossdielen genannt – hier geben sie dem Ambiente eine wunderbar warme Basis. Die offene Küche steht darauf wie ein Juwel. Bernd Künne ließ sie komplett aus Edelstahl einbauen. Jedesmal, wenn er die Schubladen aufzieht, freut sich sein Perfektionistenherz über die raffinierte Detailarbeit der Handwerker.

WATTENMEER, WIND & WOLKEN

Fotograf: Heiner Orth

Am Wochenende zieht es die Pilats hinaus. Als echte Friesen fürchten sie kein schlechtes Wetter. Sie lieben den Himmel über der See – und ihr kleines Fischerhaus gleich hinter dem Deich.

Oben: **Von Strandspaziergängen stammt die schmucke Muschelsammlung.** *Vorige Seite:* **Wie Spielzeug wirken die benachbarten Häuser, wenn man auf der Deichkrone steht.** *Rechte Seite:* **Der Schrank, ein Erbstück aus Gjalts Familie, bietet einen schönen Kontrast zu dem Tisch aus der eigenen Möbelkollektion von Pilat & Pilat.**

Um das Örtchen Moddergat an der friesischen Küste spinnt sich eine gruselige Geschichte. Vor mehr als zweihundert Jahren kamen in einem großen Sturm alle Männer des niederländischen Fischerdorfs ums Leben. Sieben Boote waren hinausgefahren und keines kam zurück. Ein beeindruckendes Denkmal hoch auf dem Deich hält die Erinnerung bis heute wach. Da macht die Fantasie eine Zeitreise. Das geht Gjalt Pilat und seiner Frau Dini jedes Mal so, wenn sie am Wochenende hierher kommen. Ihr altes Fischerhaus hinter dem Deich holt sie vollständig aus ihrem Alltagsgeschehen heraus und gibt ihnen eine andere Sichtweise. »So dicht am Meer bekommt man Ehrfurcht vor der Natur«, meint der Designer, der ohnehin eine tiefe Liebe zu seiner Heimat verströmt. Das »platte Land«, wie die Friesen sagen, »gibt der Seele Freiheit und lässt den Menschen tiefer durchatmen«.

Dass für die Freiheit beim Wohnen nicht unbedingt große Flächen notwendig sind, bestätigt sein Wochenenddomizil. Der Wohnraum hat gerade mal neun Quadratmeter, der Rest des Häuschens ist ein Allraum fürs Kochen, Essen und Arbeiten. Im Spitzgiebel gibt es zwei Schlafzimmer, die eher Bettstatt genannt werden sollten, wie früher der Alkoven, der noch im Wohnzimmer erhalten geblieben ist, so

klein sind sie. Gjalt Pilat hat das »Fiskerhúske« sehr pur, aber nicht minimalistisch eingerichtet. Man verzichtet nicht auf Annehmlichkeiten, man definiert sie nur neu. So gibt es zum Essen und Arbeiten zweimal den gleichen Tisch, nebeneinander aufgestellt, im Allraum. Das ist Ruhe für die Augen, ein Esstisch und ein Schreibtisch wären zu viel für den kleinen Raum gewesen. Auch die Stühle sind gleich, schlichte Bugholzschalen auf Rollen – Bürodesign vom Feinsten. »Warum sollten das keine Esstischstühle sein?«, fragte sich der Entwerfer, gewohnt, formale Ansprüche gegen den Strich zu bürsten. Ein Esstischstuhl am Arbeitsplatz hätte umgekehrt

Oben: Weil das Dach zur Seeseite hin tief gezogen ist, hat schon das Erdgeschoss eine Schräge. Nach oben führt eine Stahltreppe. Alles nahe beieinander: Eingang, Küche und Esstisch. *Linke Seite:* Dezenter Flor zwischen den ganz unterschiedlichen Keramikvasen, jeweils der Jahreszeit angepasst, zieht die Blicke auf sich. *Folgende Doppelseite:* Vor dem Kamin, der nur noch Schauobjekt ist, haben die Pilats ihre modernen Möbel gruppiert.

seinen Forderungen nicht genügt. Denn hier wird durchaus ernsthaft gearbeitet. Manchmal zieht Gjalt sich alleine nach Moddergat zurück, um an einem Entwurf zu zeichnen. Ganz sicher beeinflusst die ruhige Klarheit der Landschaft auch seine Arbeit. Die Möbel von Pilat & Pilat, so heißt die Marke, die er zusammen mit seiner Tochter kreiert hat, sind aus massiven Hölzern, in strengen Formen und nach alter Handwerkstradition gearbeitet. Das klingt ein bisschen nach Nostalgie, ist aber weit davon entfernt. Reduktion auf das Nötigste, um damit die Schönheit des Naturmaterials zu betonen, heißt die Maxime. »Die neuen Erbstücke«, nennt der Designer liebevoll seine Möbel. »Sie werden mit den Jahren immer schöner.« Man glaubt es ihm aufs Wort. Eines Tages erzählen seine Tische und Stühle ihren Besitzern vielleicht auch Geschichten – genau wie die Fischerhäuschen hinter dem Deich.

Linke Seite: Gleich hinter dem Haus erhebt sich der Deich und dann ist nichts als traumhaftes Meer. *Unten:* Die alten Fischerhäuser in Moddergat stehen so dicht gedrängt, dass kein Platz für Gärten bleibt. Pilats nutzen, was ringsum übrig geblieben ist, als Kiesfläche mit luftiger Sonnenbank vor dem Gerätehäuschen und schlichtem Frühstücks- und Essplatz bei schönem Sommerwetter.

Fotograf: Christian Burmester

La Vie en Rose

An einem der schönsten Flecken Frankreichs verbrachte Christine Coulon glückliche Kindertage. Jetzt hat sich die Designerin genau dort ein altes Haus restauriert: im Rosendorf Gerberoy.

Christine Coulon ist ein Genie im Ausnutzen kleinster Räume. Wer in ihrem Wochenenddomizil im malerischen Gerberoy in der Picardie auf die Gästetoilette geht, verschwindet im ehemaligen Ziegenstall des alten Landarbeiterhäuschens. »Ich habe sogar noch eine separate Dusche daneben untergebracht«, sagt sie stolz. Am Komfort sollte es beim Umbau nicht mangeln, fand die Designerin, denn sie wollte möglichst viel Zeit mit Familie und Freunden hier verbringen. Das hatte sie schon in Kindertagen gern gemacht, als ihre Großeltern noch in dem bezaubernden Dorf lebten, wo schon am Ortsschild eine Plakette verkündet, dass es zu den schönsten in Frankreich gehört. Tadellos erhaltene Fachwerkhäuser, teils aus dem 17. Jahrhundert, schmiegen sich gassenweise aneinander, umgeben von verwunschenen Gärten – ein Landidyll wie aus dem Bilderbuch. Dass dieses Schmuckstück nur eineinhalb Autostunden nördlich von Paris liegt und doch wie in einer anderen Welt seine Besucher empfängt, machte Gerberoy umso attraktiver für Christine, die in der französischen Hauptstadt als Stylistin für Mode- und Einrichtungshäuser wie Hermès und Flamant arbeitet. Solche Entfernungen konnte sie ihren Freunden auch außerhalb der großen Ferien zumuten, also griff sie zu, als man ihr am Ortsrand ein leerstehendes Objekt zum Kauf anbot.

»Von einem Haus konnte man damals nicht sprechen«, erzählt sie wissend. »Es war eine völlig überwucherte Ruine.« Fast nur die Balken standen noch und es herrschte Einsturzgefahr, aber Christines Vision war klar: Mit diesem Gebäude wollte sie an die glücklichen Tage ihrer Kindheit anknüpfen. Hier wollte sie ausspannen und auftanken, frische Luft atmen und Rosen pflegen wie die anderen Hausbesitzer im Dorf.

Es dauerte zwei Jahre, bis sie ihren Traum verwirklicht sah. Sie ließ den Sockel aus Feldsteinen wieder aufbauen, das Fachwerk in traditioneller Lehmtechnik ausfüllen und den Vorbau ihres Häuschens mit alten Ziegeln proper herrichten. Dabei verließ sie sich auf das technische Knowhow der örtlichen Handwerker. Bei der Einrichtung zog sie dann alle Register ihres eigenen Könnens. Das Haus wirkt, als habe es schon ein langes Leben hinter sich, mit vielen Geschichten, Erinnerungen und Emotionen. Und obwohl sie es mit Antiquitäten und Trödelobjekten eingerichtet hat, ist der Look erstaunlich modern und entspannt. Christine Coulon lässt die

Vorige Doppelseite: **Jedes Möbel hat eine eigene Geschichte, die Couch erhielt einen Bezug mit einem verblichenen Rosenmotiv. Der Paravent aus ausgedienten Klappläden schirmt sanft eine Schreibecke ab.** *Rechte Seite:* **Überall schöne Einzelstücke: die alte Truhe mit Polster im Schottenmuster, die Korbsammlung und eine Jagdtrophäe.**

Linke Seite: Stühle ganz unterschiedlicher Stilrichtungen kommunizieren am Esstisch, die Sessel werden durch roten Flanell markant. *Unten:* Über drei Stufen geht es in den Anbau, durch die verglaste Tür in die kleine Gästetoilette mit separater Dusche. In allen Räumen hängen wunderschöne Bilder, geliebte Fundstücke.

Möbel vorsichtig miteinander kommunizieren, immer darauf bedacht, den gering vorhandenen Raum großzügig wirken zu lassen und gleichzeitig für alle Belange gerüstet zu sein. So steht ein schlanker Schreibtisch gleich neben dem Eingang, quasi mitten im Wohnzimmer, denn einen Flur gibt es nicht. Eine raumsparende und dekorative Lösung, wo für einen separaten Arbeitsplatz kein Platz ist. Mit einem Paravent aus alten Klappläden schafft sie eine optische Trennung.

Die Decken- und Stützbalken sind sämtlich weiß gestrichen, die Wände tragen Silbergrau. Damit legt die Designerin einen edlen und ruhigen Fond an, der den Raum größer wirken lässt. Einzig das gemütliche Sofa trägt ein Musterkleid, Sesselbezüge und Vorhänge sind aus naturgrauem Leinen. Diese zurückhaltende Farbgebung durchzieht das ganze Haus. Um dem anheimelnden Ambiente eine modische Note zu verleihen, genehmigt

Der Dachstuhl bietet genug Platz für ein Gästezimmer. Mit dem prachtvollen Empire-Spiegel und passenden Wandleuchten vergrößert der kleine Raum seine Wirkung. Polsterbett und Sessel sind zurückhaltend mit cremefarbenem Leinen bezogen, um die goldene Opulenz zu betonen. Für einen Auftraggeber in Paris legte Christine eine Sammlung alter Kinderbilder an. Teile daraus schmücken jetzt dieses Schlafzimmer.

Linke Seite: Der Vorhof mit dem Blick auf die landestypische Hausfassade in der Picardie wirkt unperfekt, aber einladend. *Unten:* Bei schönem Wetter wird das Mobiliar schnell auf der Holzterrasse platziert – und der Cidre aus der Nachbarschaft mundet immer.

sich die Designerin rote Akzente, großzügig wie mit einem Malerpinsel verteilt. Die Rückwand des Küchentresens, der Vorraum zu ihrem Schlafzimmer, die Haustür, sie alle tragen die gemeinsame »Hausfarbe«.

Am prägnantesten taucht der Frischmacher im Esszimmer auf. Da hat sie Teile ihrer umfangrichen Stuhlsammlung am langen Tisch ganz in rotes Tuch gekleidet. Ein edler Wollflanell nimmt den verschnörkelten Modellen ihre Niedlichkeit. Christine Coulon liebäugelt mit Kontrasten, setzt Feines neben Herbes, Ländliches neben Elegantes – das gibt der Mischung eine unbekümmerte Leichtigkeit.

»Mit zu viel Harmonie käme mir ein altes Haus wie eine Filmkulisse vor«, erklärt sie ihre Vorstellungen. »Ich finde es einladender mit scheinbar unperfekten Details.« Ganz sicher fühlt das alte Haus in Gerberoy sich pudelwohl mit Christines Inszenierung. Behaupten zumindest ihre Wochenendgäste aus Paris, die sich gern ducken, wenn sie unter der Dusche im Ziegenstall stehen.

INSEL DES GLÜCKS

Hausbauen und Gärtnern sind ihre erklärten Leidenschaften nach einem erfüllten Berufsleben. Wie perfekt Familie Peek beides beherrscht, zeigt ihr Anwesen auf Mallorca.

Fotograf: Eckard Wentorf

Eine schwere Eichentür führt vom reich mit Blumen und Palmen bestückten Vorplatz in die großzügige Eingangshalle, die Uschi Peeks Fingerspitzengefühl für die dezente und geschmackvolle Einrichtung offenbart.

Sie wollten es noch einmal wissen. Seit mehr als dreißig Jahren liebten Hans und Uschi Peek Mallorca und hatten glückliche Tage auf der Insel verbracht. Eine große Finca war schon lange im Familienbesitz, aber die Ferienzeiten eines Unternehmers sind immer zu kurz. In einem Alter, in dem andere sich zur Ruhe setzen, legten die beiden mit frischem Elan los und bauten noch mal neu – endlich nicht mehr nur für die Ferien, sondern ein echtes Zuhause im Süden.

Das Grundstück, das sie für ihr Wunschhaus fanden, ist ein Traum; doch es wollte erobert werden und gab sich nicht ohne Weiteres den neuen Besitzern hin. Steil am Berg, wild bewachsen, noch nie urbar gemacht, so kam es den Deutschen entgegen. Aber auch mit voller Südlage, herrlichen alten Pinien und einem grandiosen Fernblick über die Hauptstadt aufs Meer. »Wir sehen nachts aus dem Bett die Lichter von Palma«, schwärmt Uschi Peek, denn von Anfang an haben die beiden ihr Haus auf die spektakuläre Lage zugeschnitten. »Wir haben uns Zeit gelassen, die Situation in Ruhe auszuloten.« Wie hoch am Berg soll das Haus überhaupt stehen? Wo verläuft der Zufahrtsweg? Wo beginnt der Garten mitten in der Natur? Wird er rund ums Haus angelegt? Unzählige Fragen, die heute alle perfekt durchdacht erscheinen. Das Haus steht so weit oben auf dem Grundstück, dass der Berg dahinter noch imposanten Schutz bietet und der gestaltete Teil dem Gebäude und seinen Bewohnern quasi zu Füßen liegt. »Wir freuen uns schon morgens beim Aufstehen über den Anblick«, strahlt die glückliche Hausherrin. In großen Terrassen hat die passionierte Gärtnerin den Hang abfangen lassen und ihr Pflanzencredo, viel von einer Sorte, großflächig ausgelebt. Lavendel, Gamander, Plumbago und Agapanthus hat sie in streng geometrische Felder gepflanzt, die einen spannenden Kontrast zu organischer verlaufenden Beeten voller Oleander

und anderen mediterranen Pflanzen bilden. Für die Anlage holte sie sich Rat bei einem langjährigen Freund, dem Gartendesign-Star Arend Jan van der Horst aus Holland. »Er war sehr einverstanden mit meinen Ideen«, bekennt sie freudig.

Seine klaren Vorstellungen vom neuen Haus setzte das Ehepaar notfalls auch gegen den Architekten durch. Der wollte zum Beispiel konische Säulen auf den Terrassen einbauen. Allein der Gedanke daran scheint Uschi Peek noch zu schütteln. »En el campo«, wie die Mallorquiner sagen, auf dem Lande, baut man schlicht. Und daran wollten sie sich unbedingt halten. Der Bau sollte sich einfügen wie ein altes Landhaus. Also wurden die Säulen eckig. Und Uschi Peek freut sich heute, dass viele Besucher glauben, sie hätten eine bejahrte Finca renoviert. Dass hier niemals ein Haus gestanden hat, wissen nur noch die alten Bauern aus der Gegend – und ihre Ziegen.

Die Einrichtung spielt genauso vornehm mit lässigem Understatement. Wenig Farbe und schlichte Möbel in großen Formaten, analog zum Garten – oder ist die Rangfolge umgekehrt? Uschi Peek gestaltet Innen- und Außenräume gleichermaßen souverän. Seit Langem sammelt sie voll Freude Antiquitäten, bevorzugt mit

Ein Landhaus sollte schlicht sein. An dieses Motto haben sich Uschi und Hans Peek gehalten und die Einrichtung auf ländliche Möbel beschränkt. Weiße Sofas passen genauso gut dazu wie moderne Leuchten.

Oben: Die Tierköpfe waren ursprünglich Hinweise auf das Fleischsortiment eines Metzgerladens. Uschi Peek fand sie beim Trödeln in Holland. Der Blick in den Essraum zeigt die ausgewogene Einrichtung. Das Schild einer niederländischen Lebensversicherung begleitet die Peeks fast ihr Leben lang. *Linke Seite:* Die witzigen Hängelampen des Designers Ingo Maurer sind der absolute Blickfang. »Campari Light« besteht aus zehn Original-Fläschchen, die ein stimmungsvolles Licht garantieren. *Unten:* An den warmen Tagen ist dieser Schattenplatz sehr beliebt. Schon zum Frühstück lässt es sich hier aushalten.

Shabby-Chic-Qualität. Gebrauchsspuren sind für sie ein Ausdruck von Charakter, Möbel mit Patina erzählen ihr eine Geschichte. Einige der schönsten Stücke haben hier erstmalig einen Platz gefunden. Der große Geschirrschrank steht so knapp unter der Küchendecke, das kann kein Zufall sein. Bestimmt hat die kreative Hausherrin ihre Schätzchen beim Planen des Innenraums schon im Auge gehabt. Dass die Objekte aus ganz verschiedenen Ländern stammen, stört sie überhaupt nicht. Mit genialer Hand kombiniert sie, was ihr gefällt. »Eine schlichte chinesische Konsole passt viel besser hierher als ein gedrechseltes spanisches Möbel«, ist ihre Überzeugung. Der harmonische Gesamteindruck gibt ihr Recht. Kein Teil wirkt deplatziert oder störend, Möbelstücke und Dekorationsobjekte fügen sich wie selbstverständlich zueinander. Bei aller Perfektion und Eleganz – dies ist ein Haus mit Wohlfühlcharakter, in dem sich fröhlich leben und gut entspannen lässt. So gut sogar, dass der Hausherr schon wieder Pläne schmiedet. Am liebsten würde er gleich noch einmal mit dem Bau eines Hauses beginnen. Beim Durchstreifen der Insel hält er jedenfalls vorsorglich schon mal nach geeigneten Grundstücken Ausschau.

Oben: Die »Finca« mit den knorrigen Olivenbäumen fügt sich so harmonisch in die Landschaft ein, als sei alles alt und gewachsen. Der Weitblick auf die Insel ist auch beim Schwimmen garantiert – dank des fließenden Übergangs in den meist wolkenlosen Himmel. *Vorige Doppelseite:* Die Küche im mallorquinischen Stil, mit Eichenmöbeln und Marmor auf Arbeitsplatten und Boden strahlt Urlaubsatmosphäre aus. *Linke Seite:* Vom stilvoll eingerichteten Gästezimmer eröffnet sich eine traumhafte Aussicht auf Palma.

AROMA THERAPIE

Fotograf: James Merrell

Riechen, Schmecken, Fühlen – in Sophie Conrans Ein-Frau-Unternehmen geht es um die Lust am Kochen und Essen. Dass dabei auch die Augen ihre helle Freude haben, beweist die Londoner Wohnung der Designerin und Autorin nahe am Hyde Park.

Pink sorgt für gute Laune, findet Sophie Conran und verpasste ihrer Küche einen Totalanstrich im gewagten Himbeerton. Und das ist bei der Designerin nicht etwa ein kleiner Nebenraum, sondern Dreh- und Angelpunkt ihres Alltags. »Ich arbeite in der Küche«, sagt die Tochter des englischen Designgurus Sir Terence Conran, »sie ist meine Werkstatt.« Dass Kochen tatsächlich eine Leidenschaft für sie ist, liegt wohl in den Genen. Ihre Mutter Caroline ist eine bekannte Kochbuchautorin (*Das Conran Kochbuch*, das sie zusammen mit ihrem Mann Terence geschrieben hat). Der Vater unterhält zugleich ein Restaurant-Imperium, dem er nicht nur als Designer seinen Stempel aufgedrückt hat, sondern in erster Linie der Küche. Sophie wuchs schon in dem Bewusstsein auf, dass gutes Essen zur Charakterbildung beiträgt.

Und genauso hält sie es mit ihren eigenen Kindern. Fast Food kennen Felix und Coco nicht. Stattdessen erfahren die beiden, dass die Qualität der Lebensmittel und deren liebevolle Zubereitung für ihre berufstätige Mutter ein echtes Anliegen ist. Und dass sie auch in der größten Hektik noch ein leckeres Essen zaubert. »Ich entspanne mich beim Kochen«, lacht sie, während schon wieder das Telefon klingelt. Sie arbeitet zu Hause. Ihr erstes Kochbuch, *Sophie Conran's Pies*, behandelte ausschließlich Pies, alles, was sich auf irgendeine Art mit Teig zudecken lässt. Gemüse, Fleisch und Fisch genauso wie Früchte und Süßspeisen. Das typisch englische Comfort Food ruft jederzeit Kindheitserinnerungen wach. »Während der Arbeit am Buch war die ganze Wohnung mehlbestäubt«, erzählt sie amüsiert, »aber alle Freunde kamen gern zum Probe-Essen vorbei.« Nur was wirklich begeisterte, fand Aufnahme in dem

Arbeitsplatz Küche: Rund um den wuchtigen AGA-Herd hat Sophie Conran ihre Kochwerkstatt eingerichtet. Was sie schön und nützlich findet, steht in Reichweite. Der Esstisch zeigt eine Auswahl ihrer Geschirr-Kollektion für Portmeirion.

Sophie Conran an ihrem Lieblingsarbeitsplatz. Der lange Ess- und Besprechungstisch ist mit Klassikern bestückt wie den Fritz-Hansen-Stühlen in frechem Rot.

erfolgreichen Werk. Zwei Jahre später bei ihrem zweiten Buch, *Sophie Conran's Soups and Stews*, war es kaum anders. Auch dafür wurde zu Hause experimentiert und probiert, mit Freunden tage- und nächtelang getestet und abgestimmt, bis der Geschmack und auch die Optik stimmte.

Ein andermal war die Wohnung vollgestapelt mit Geschirr und Gläsern, denn Sophie entwarf eine eigene Kollektion für das englische Traditionsunternehmen Portmeirion. Bei allem, was sie bearbeitet, geht sie immer von sich selber aus und fragt sich, was ihr am besten gefällt und was am sinnvollsten zu benutzen ist. Kein Wunder also, dass es in dem umfangreichen Sortiment nun eine Reihe bildschöner Back- und Auflaufformen gibt, die vom Herd direkt auf den Tisch gestellt werden können. Praktisch und schön muss es gleichzeitig sein, ganz in bester Shaker-Tradition, das hat sie von ihrem Vater gelernt.

Mit dieser Maßgabe hat sie auch ihre Wohnung eingerichtet. Ihr ausladender Esstisch ist ebenso geeignet für Besprechungen, bei denen Fotos oder Zeichnungen begutachtet werden müssen. Einen Schreibtisch im herkömmlichen Sinn gibt es nicht.

Eine Wand des großen Wohnraums besetzt eine vier Meter lange Tafel, die in ihrem früheren Leben die Auslagen einer Bäckerei präsentierte. Jetzt ist sie die technische Hälfte von Sophies Werkstatt, trägt Rechner, Papierkram und lauter Bürokisten mit solcher Anmut, dass sich die Arbeit nicht verstecken muss, wenn die Wohnung mal dem Privatleben gehört.

Es ist nur ein Katzensprung in die obere Etage, um in Sophies privaten Wohn- und Schlafbereich zu gelangen. Hier kann sie abschalten in kleinen Pausen während der Arbeit oder ihren Feierabend am Kamin genießen, bevor sie sich wieder auf einen Tag ihres abwechslungsreichen Geschäftslebens vorbereitet. Die räumliche Nähe von privater Zone und Arbeitsbereich findet die sympatische Powerfrau wichtig. Ein Büroalltag in einem »Townoffice« wäre undenkbar für die allein erziehende Mutter. »Working Mum« ist Sophie Conrans liebste Berufsbezeichnung. Dementsprechend hat sie sich eingerichtet.

Auf dem Treppenabsatz steht ein altes Tischchen mit Blumen. Sie sind nicht als Strauß arrangiert, sondern stehen

Linke Seite: **Cremeweiße Sofas und Vorhänge machen den großen Wohn- und Arbeitsraum hell. Warme Rot- und Orangetöne setzen starke Akzente. Altbauwohnungen in London haben oft Kamine, die nicht mehr befeuert werden dürfen. Weil dieser so schön war, wurde er nicht entfernt und dient nun als Rahmen für den Fernseher. Davor ist ein Mini-Oldtimer von Sohn Felix gerollt und ein Tisch voller Bücher lädt zum Schmökern ein.**

Unten: **Privatsalon mit Wohlfühlfaktor. Das Apartment geht über zwei Etagen des stattlichen Altbaus. Das obere Stockwerk gleich unterm Dach hat sich Sophie als Rückzugsort eingerichtet. Sofas voll dicker Kissen mit blumigen Applikationen laden ein, den Tag in Ruhe ausklingen zu lassen. Der Schlafbereich mit dem großen Himmelbett im Shaker-Stil, ein Entwurf von Vater Terence, ist freundlich und hell eingerichtet. Die Gardinen sind gelb gefüttert, damit auch bei dem nicht gerade seltenen Londoner Schmuddelwetter die Illusion eines sonnigen Tags ensteht.**

in einer ganzen Gruppe weißer Porzellanvasen. Die durchgängige Farbe eint den Muster- und Formenmix der Sammlung. Die Blumen sind orange und fast dunkelbraun. Viel von einer Sorte gefällt der Hausherrin als Leitmotiv für solche Stillleben.

Dass Farben eine wichtige Rolle für die Designerin spielen, ist offensichtlich. Zu der besonderen Intensität inspirierte sie nicht zuletzt die Wohnung selbst. Zu viktorianischen Zeiten, als die Häuser in ihrer Straße gebaut wurden, war es beliebt, die öffentlichen Bereiche eines Hauses rot zu dekorieren. Die Wärme der Farbe bringt Emotionen in Gang, fördert Kommunikation jeder Art, Lachen und Sprechen. Da blieb Sophie gern in der Tradition und setzte mit Verve starke Akzente. Rot in allen Abstufungen der Genusspalette, Himbeer in der Küche, Orange und Weinrot gesellen sich im Wohnbereich dazu, und der rote Teppich im Hausflur, über den ihre Besucher schreiten wie Filmstars, leuchtet in appetitlichem Tomatenton.

Die verschiedenen Bereiche entspannt miteinander zu verquicken, ist Sophies großes Talent. Ihre Art, den Alltag mit allen Sinnen zu genießen, ist derart authentisch, dass sie damit sogar ihren geschäftlichen Erfolg begründet. Eine japanische Firmendelegation, die sie in ihrer Küche empfing, konnte gar nicht aufhören zu lachen, nachdem sie sich umgeschaut hatte. Ob das an der motivierenden Farbe lag, hat die Designerin nicht eindeutig herausfinden können. Der Geschäftsabschluss kam jedenfalls sehr schnell zustande.

Die Familie im Sinn

Fotograf: Eckard Wentorf

Da wo sich Schleswig-Holstein von seiner romantischen Seite zeigt, hat Fenna Graf eine vierhundert Jahre alte Hofstelle aus dem Dornröschenschlaf erweckt und in ein geselliges Zuhause verwandelt.

Das Haus von Fenna Graf sieht man schon von Weitem. Wie ein Krönchen schmückt es, umgeben von einem grünen Kranz, eine kleine Anhöhe mitten in den weitläufigen Feldern der Holsteinischen Schweiz. Von der Landstraße führt ein holpriger Feldweg direkt darauf zu.

Kaum vorstellbar, dass die Grundmauern des Bauernhauses aus dem Jahre 1630 stammen, so frisch und adrett begrüßt das Fachwerkhaus seine Besucher. Als Schleswig-Holstein noch dänisch war, wurde hier sogar Gericht abgehalten, das belegen alte Urkunden. Heute bietet der Vorplatz eine einladende Geste mit Hecken und bepflanzten Gefäßen, geschnittenem Buchsbaum und Hortensienvielfalt. Schöne Blicke in gut proportionierte Gartenflächen runden das Bild ab. Hier wird gleich klar, die Hausherrin hat eine Leidenschaft für Grünes. Als gebürtige Niederländerin hat sie ein natürliches Gefühl für den Garten, wie schon ihre Mutter und Großmutter. Dass Fenna Graf aber auch einen guten Blick für Innenräume und ihre Einrichtung hat, spürt man, wenn man die Tenne betritt. Das alte Haus ist hell und einladend, offen für Familie und viele Gäste.

Entscheidend für den Kauf ist die Lage des Grundstücks, sagten sich Fenna und ihr Mann Friedrich, nicht die Bausubstanz des Hauses, als sie in

Vorbei die Zeit der kleinen Bauernstuben. Nach Umbau und Renovierung gibt es große Glastüren und offene Übergänge in dem Landhaus, von Fenna Graf mit gekonntem Blick arrangiert. Am Hauseingang hat sie einen Windfang abgetrennt. Der lange Esstisch ist vorweihnachtlich mit Kerzen und schwebenden Engeln dekoriert.

Das Bauernhaus hat Fenna Graf in ein großzügiges Landhaus verwandelt. Die Raumdecken hat sie anheben lassen, den Fußboden mit Holzdielen belegt. Das einheitliche Farbkonzept wird von Naturtönen und sanftem Taubenblau bestimmt. Der große Tisch, an dem sich die Familie meist nur zu besonderen Essen zusammensetzt, ist in eine Nische des großen Wohnraums platziert. Alt und Neu hat sie zu einer harmonischen Einheit verknüpft wie den alten Holztisch und die Kunststoff-Sessel von Philippe Starck. Schwebende Engel zwischen den einfachen Aluminium-Lampen und schlanke Glaszylinder mit versenkten Amaryllisblüten schaffen vorweihnachtliches Flair. Die Glastür im Hintergrund führt zur Küche, wo die Familie gern gemeinsam das Essen zubereitet.

der Holsteinischen Schweiz auf Objektsuche waren. Nach Jahren in Tübingen wünschte sich die fünfköpfige Arztfamilie den Umzug in den Norden. Als sie dieses Grundstück entdeckt hatten, spürten sie eine instinktive Vertrautheit, sie wussten sofort: Ja, das ist unser Grundstück. Noch heute stellt sich jedes Mal beim Hinauffahren das kleine Glücksgefühl ein, hierher zu gehören. Die Faszination gilt dem besonderen Ort auf einer leichten Anhöhe, umgeben von Rapsfeldern und Viehweiden. Er wirkt wie eine Insel, 10 000 Quadratmeter groß, auf der nur das Bauernhaus mit einer Scheune steht, beides reetgedeckt.

Beim Einzug allerdings gab es heftigen Protest von den drei kleinen Kindern. »Wir bleiben nicht hier, wo wir keinen kennen. Wir wollen wieder nach Hause«, zeterten sie. Aber die Entscheidung war nicht revidierbar. Zum Glück, denn mittlerweile ist das Areal zu einem wahren Familiensitz der Grafs geworden. Die drei Kinder sind inzwischen erwachsen und längst ausgezogen, aber sie lieben ihr Haus in der Insellage und kommen oft und gern zurück.

Der Anfang war nicht leicht, denn eine genaue Begutachtung bestätigte, dass es eine Menge zu tun gab. Das Haus mit fünf niedrigen Zimmern war für ihre Bedürfnisse zu klein, die Bausubstanz wirklich armselig. »Ich liebe ein offenes Haus, große Räume, die ineinander übergehen – und wie alle Holländer keine Gardinen. Und überall müssen Sitzplätze sein. Drinnen und draußen!« Fenna Graf hatte sich ein hohes Ziel gesteckt.

Während die Familie schon behelfsmäßig im Haus wohnte, begann die Sanierung. Von Tag zu Tag füllten sich Container mit Sperrmüll und Bauschutt, und mit dem Fortschreiten der Arbeit justierten sich ihre Vorstel-

Weiche Pastelltöne in Wassertönen sind die Farbspender in Fenna Grafs edlem Landhauslook. Mit typisch holländischem Graublau unterlegt sie ihren funktionellen und angenehmen Wohnstil. Der großzügig bemessene Hauptwohnraum ist wohl proportioniert und hat Sitzgruppen für alle familiären Belange, vom Zwiegespräch bis zur geselligen großen Runde. Als leidenschaftliche Gärtnerin braucht die Holländerin auch bei schlechtem Wetter Dekoration im Freien. Schon im Spätherbst bereitet sie jede Menge Gefäße und Körbe auf die Wintersaison vor, die sie dann auf großen Tischen zu Stillleben arrangiert.

In der Küche beginnt der Tag, die Alltagsmahlzeiten gibt es meist hier. Dafür suchte die Hausherrin einen extra-schlanken Tisch, den sie gut unterbringen konnte. Regale und Tellerborde sind praktisch und dazu dekorativ. Typisch holländisch, leckere Kekse stehen immer bereit.

lungen, wie das spätere Zuhause einmal aussehen könnte. Täglich kamen neue Inspirationen hinzu, wurden verworfen, wieder aufgegriffen. Es war eine Tortur.

Fenna und Friedrich Graf erkannten, dass fast nichts an dem alten Haus so bleiben konnte wie es war – praktisch nur die Außenwände. Die ließen sie als Erstes durch eine zusätzliche Innenmauer dämmen, die Heizung modernisieren, neue Fenster mit Isolierglas ausstatten. Aber wie sollte der eigentliche Lebensraum aussehen? Er musste komplett neu konzipiert werden. Ständer und Innenwände waren zu versetzen, ein Anbau notwendig, damit jedes der drei Kinder ein eigenes Zimmer bekommen konnte. Schließlich brauchten sie einen großen Wohnraum, der Platz für unterschiedliche Sitzgruppen und einen Kamin bietet. Jede Menge Fantasie war gefordert, um den Ideen eine Form zu geben.

Fenna Graf gestaltete den Umbau sehr geschickt mit ihren Bildern von Gemütlichkeit. Mit feinem Gefühl stimmte sie alle Materialien aufeinander ab. Die offene Küche plante sie so exakt, dass ein antiker Bügeltisch zwischen das Holzständerwerk passte, an dem bis zu vierzehn Personen Platz nehmen können. Direkt in der Küche zu essen ist für die Niederländerin funktionell, aber vor allem »gezellig«, was überaus wichtig ist im familiären Miteinander.

Ein paar Meter weiter gibt es noch einen großen Esstisch, aber hier sitzen sie eigentlich nur an Feiertagen. Zu Weihnachten gibt es dort den traditionellen Puter. Fenna Graf hat dafür gesorgt, dass ihr Haus die unterschiedlichsten Sitzplätze anbietet, für jede Gelegenheit und jede Stimmung: für die kleine Pause zwischendurch, für das Mittagessen oder den Spieleabend der erwachsenen Kinder mit ihren Partnern. Das Schöne ist, dass man von jedem Platz einen anderen Blick hat, in den Garten, auf den großen Kamin, in die Küche oder die ehemalige Tenne.

Acht Jahre hat es gedauert, bis aus der Hofstelle ein richtiges Landhaus wurde. Aber es hat sich gelohnt, nicht nur wegen der guten Lage. »Wir würden es immer wieder tun, trotz aller Einschränkungen und Strapazen«, lacht die Hausherrin heute überzeugt und ein bisschen stolz.

Jeder Raum, ob Gästezimmer oder Bad, besticht durch die gekonnte Mischung alter Stücke und moderner Zutaten. Die Treppe in der ehemaligen Tenne führt nur auf einen Kriechboden. Fenna Graf hat das gesamte Anwesen auf Advent eingestimmt und drinnen und draußen kunstvolle Stillleben aufgebaut. Jede Jahreszeit gestaltet sie mit ihrem natürlichen Gefühl für Pflanzen nach.

Die Fotografen

Nachgefragt – bei Christian Burmester

Jedes Haus braucht ... nette Bewohner und einen eigenen Charakter. ✦ Wirklich beeindruckt hat mich das ... Empire State Building in NYC, der Blick daran hoch und von oben über die Stadt ist einfach faszinierend. ✦ In einem Haus möchte ich auf keinen Fall ... zu wenig Fenster haben. Licht und Luft sind wichtig. ✦ Ich kann mich in einem Haus wohl fühlen, wenn ... es eine große Küche gibt, in der man bei gutem Essen und Trinken zusammensitzt. ✦ Mein Zuhause ist ... wo auch immer ich mich wohl fühle und mit netten Menschen zusammen bin. Das kann bei mir in der Wohnung oder irgendwo auf der Welt sein. ✦ Mein Traumhaus liegt ... auf einer Schäreninsel in Schweden. ✦ Mein Lieblingsobjekt zu Hause ist ... der Küchentisch. ✦ Mein Geschenk zu einer Hauseinweihungsparty wäre ... Brot und Salz, ganz klassisch! ✦ Häuser und Wohnungen zu fotografieren ist für mich ... immer wieder eine spannende Herausforderung, da jedes Gebäude seine ganz eigene Geschichte zu erzählen hat. ✦ Zurzeit blicke ich durch die Kamera am meisten auf ... schöne Häuser und deren Bewohner.

Nachgefragt – bei James Merrell

Jedes Haus braucht ... Licht, Luft und Glück. ✦ Wirklich beeindruckt hat mich ein Haus ... dann, wenn es Designideen originell neu interpretiert. ✦ In einem Haus möchte ich auf keinen Fall ... eine düstere Atmosphäre haben. ✦ Ich kann mich in einem Haus wohl fühlen, wenn ... ich die Leute mag, die da leben. ✦ Mein Zuhause ist ... ein Rückzugsort. ✦ Mein Traumhaus ist ... eine Hütte am Strand – bevorzugt an einem warmen. ✦ Mein Lieblingsobjekt zu Hause ist ... eine Fotografie von Walker Evans. ✦ Mein Geschenk zu einer Hauseinweihungsparty wäre ... ein Foto und eine Flasche Gin. ✦ Häuser und Wohnungen zu fotografieren ist für mich ... eine ständig wechselnde Faszination. ✦ Zurzeit blicke ich durch die Kamera auf ... einen Caffèlatte, den ich gleich trinken werde.

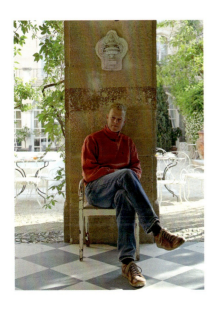

Nachgefragt – bei **Heiner Orth**

Jedes Haus braucht ... einen guten Geist. ✦ Wirklich beeindruckt hat mich das Haus ... »Casa Orgánica« von Xavier Senosiain in Mexico City. Es liegt zum großen Teil unter der Erde und hat weder eine gerade Linie noch einen rechten Winkel. ✦ In einem Haus möchte ich auf keinen Fall ... »schöner wohnen« müssen. ✦ Ich kann mich in einem Haus wohl fühlen, wenn ... es eine Seele hat. ✦ Mein Zuhause ist ... hoffentlich bald abbezahlt. ✦ Mein Traumhaus liegt ... am Deich. ✦ Mein Lieblingsobjekt zu Hause ist ... je nach Stimmung ein anderes – da gibt es halt so viel Gesammeltes, Gefundenes und Geschenktes. ✦ Mein Geschenk zu einer Hauseinweihungsparty wäre ... ein altes Hufeisen. ✦ Häuser und Wohnungen zu fotografieren ist für mich ... eine meiner liebsten Hauptbeschäftigungen. ✦ Zurzeit blicke ich durch die Kamera am meisten auf ... Felder, Wiesen und Bäume.

Nachgefragt – bei **Eckard Wentorf**

Jedes Haus braucht ... Lebendigkeit. ✦ Wirklich beeindruckt hat mich ... nicht ein einzelnes Haus, sondern viele. ✦ In einem Haus will ich auf keinen Fall ... im Purismus leben. ✦ Ich kann mich in einem Haus wohl fühlen, wenn ... es nicht aus einem Guss ist, wenn es durch die Jahre gewachsen ist. ✦ Mein Zuhause ist ... mal schön, mal hässlich. ✦ Mein Traumhaus liegt ... tief in meinen Träumen. ✦ Mein Lieblingsobjekt zu Hause ... sind meine gesammelten Kerzenleuchter, besonders abends, wenn sie alle angezündet sind. ✦ Mein Geschenk zu einer Hauseinweihungsparty wäre ... dieses Buch? ✦ Häuser und Wohnungen zu fotografieren ist für mich ... eine herrliche Mischung zwischen Arbeit und Vergnügen. ✦ Zurzeit blicke ich durch die Kamera am meisten auf ... Stillleben.

Dankeschön

So viele Menschen haben mit ihren Ideen zu diesem Buch beigetragen. Architekten, Handwerker, Designer, Künstler und Sammler setzten markante Akzente ... die Liste ist lang. Alle zusammen sind aber immer nur kreative Mitarbeiter derjenigen Menschen gewesen, die in den Häusern leben. Die sie mit ihrer Energie und ihrem Gefühl zu dem gemacht haben, was wir im Bild einfangen durften, zu einzigartigen und sehr persönlichen Lebenswelten. Bei ihnen allen bedanken wir uns für die Offenheit und Gastfreundschaft, mit der sie uns empfangen haben.

Es hat uns sehr bereichert, bei ihnen zu arbeiten!

Danke, thank you, merci bien, mille grazie, mange tak, dank u vel!

Ein besonderes Dankeschön schicken wir an Conny Peters, die uns für die Endkorrekturen an diesem Buch eine wunderbare Arbeitswoche in ihrem idyllischen Haus auf Amrum geschenkt hat. Einfach so.

Die Fotografen – freundschaftliche Zusammenarbeit über viele Jahre, und dennoch jedes Mal wieder erfrischend. Wir danken für Neugier und Experimentierfreude, für technische Perfektion und private Lässigkeit. Es ist ein Vergnügen, mit Euch auf Bild-Reisen zu gehen! What next?

Weil die Wirkung der Bilder stark auch von ihrer Mischung und Zuordnung abhängt, haben wir wieder ganz auf das Fingerspitzengefühl von Hans-Jörg Rüstemeier vertraut. Wie er mit Mausklicks eine Geschichte strukturiert und akzentuiert, ist eine wahre Freude. Danke Rusty, für Deine Ruhe und Deinen Humor, die Du nie verloren hast, selbst wenn wir Dir und Deinem i-Mac dicht auf die Pelle gerückt sind.

Last but not least danken wir dem Verlag. Inzwischen auch schon erprobt, und doch wieder von Roland Thomas' positiver Energie gespeist, sodass Büchermachen manchmal ganz mühelos scheint. Ihre Wetterberichte aus München werden uns fehlen in den »buchfreien« Wochen bis zum nächsten Projekt!

Sabine Wesemann, Ulrich Timm

Mix
Produktgruppe aus vorbildlich
bewirtschafteten Wäldern, kontrollierten
Herkünften und Recyclingholz oder -fasern
www.fsc.org   Zert.-Nr. GFA-COC-001575
© 1996 Forest Stewardship Council

Impressum

Verlagsgruppe Random House FSC-DEU-0100
Das für dieses Buch verwendete FSC-zertifizierte Papier
Profisilk, hergestellt von Sappi/Alfeld, lieferte IGEPA.

1. Auflage
© 2009 Deutsche Verlags-Anstalt, München,
in der Verlagsgruppe Random House GmbH
Alle Rechte vorbehalten

Layout und Satz: Hans-Jörg Rüstemeier, Hamburg
Produktion: Monika Pitterle/DVA
Gesetzt aus der Adobe Jenson Pro und der Avenir Lt Std
Umschlagfoto: Heiner Orth
Lithographie: Helio Repro, München
Druck und Bindung: Offizin Andersen Nexö, Zwenkau
Printed in Germany
ISBN: 978-3-421-03735-0
www.dva.de